Economia da tragédia

PALOMA FRANCA AMORIM

Economia da tragédia

alameda

Edição: Haroldo Ceravolo Sereza e Joana Monteleone
Projeto gráfico, diagramação e capa: Emanuela Godoy
Revisão: Alexandra Colontini
Assistente acadêmica: Tamara Santos
Imagem de capa: Francisco Carvalho

CIP-BRASIL. CATALOGAÇÃO NA PUBLICAÇÃO
SINDICATO NACIONAL DOS EDITORES DE LIVROS, RJ

A544e

Amorim, Paloma Franca, 1987-
Economia da tragédia / Paloma Franca Amorim. - 1. ed. - São Paulo : Alameda, 2025.
21 cm.

Inclui bibliografia e índice
ISBN 9786559663545

1. Ensaios brasileiros. I. Título.

25-99172.0 CDD: B869.4
CDU: 82-4(81)

Carla Rosa Martins Gonçalves - Bibliotecária - CRB-7/4782

ALAMEDA CASA EDITORIAL
Rua Treze de Maio, 353 – Bela Vista
CEP 01327-000 – São Paulo – SP
Tel. (11) 3012-2403
www.alamedaeditorial.com.br

PALOMA FRANCA AMORIM

Economia da tragédia

alameda

Edição: Haroldo Ceravolo Sereza e Joana Monteleone
Projeto gráfico, diagramação e capa: Emanuela Godoy
Revisão: Alexandra Colontini
Assistente acadêmica: Tamara Santos
Imagem de capa: Francisco Carvalho

CIP-BRASIL. CATALOGAÇÃO NA PUBLICAÇÃO
SINDICATO NACIONAL DOS EDITORES DE LIVROS, RJ

A544e

Amorim, Paloma Franca, 1987-
Economia da tragédia / Paloma Franca Amorim. - 1. ed. - São Paulo : Alameda, 2025.
21 cm.

Inclui bibliografia e índice
ISBN 9786559663545

1. Ensaios brasileiros. I. Título.

CDD: B869.4
25-99172.0 CDU: 82-4(81)

Carla Rosa Martins Gonçalves - Bibliotecária - CRB-7/4782

ALAMEDA CASA EDITORIAL
Rua Treze de Maio, 353 – Bela Vista
CEP 01327-000 – São Paulo – SP
Tel. (11) 3012-2403
www.alamedaeditorial.com.br

Para Cristiane, a moça dos relógios.
Para as aprendizes da Escola Livre de Teatro de Santo André, pelo espaço de criação artística que lhes foi arrancado nas urgências da própria vida.

SUMÁRIO

UMA CARTA É UM PREFÁCIO

TODO LIVRO É UMA PERFORMANCE. Assim acredito. Minha relação com a escrita nunca foi ortodoxa e com o passar do tempo percebo que a não-ortodoxia indica um método, mais que um método, uma engenharia refinada na maneira de lidar com a vida.

Houve um amor em minha trajetória que me disse que eu seria ensaísta, que o ensaio é o gênero mais solidário com as coisas que eu queria contar como escritora e como artista. Na época, ali diante do meu rapaz em uma mesa de café cotidiana – porque nós fazíamos isso, sentávamos horas diante das canecas e nos derretíamos em imagens e leituras, sonhando com um futuro incerto e, no entanto, prenhe de fantasias prazerosas – eu achei a ideia charmosa e comecei a gestar esse livro, isso faz quase dez anos.

O título eu possuía como uma espécie de suspeita de um tempo confuso, ali por volta de 2016, 2017, já existia um sintoma profundo de mutilação ética de uma parte considerável das produções teatrais e cinematográficas que eu pude testemunhar na (e da) cidade de São Paulo. Os efeitos do neoliberalismo na mentalidade artística ressoaram em trabalhos bastante ostensivos do ponto de vista da violência e de uma cosmologia fetichista dos marcadores raciais e de gênero que, também nesse momento histórico, se tornavam mais e mais relevantes no debate público.

Pensei em algum momento do caminho em mudar o título, entretanto *Economia da Tragédia* vigorou não apenas como um nome, mas conforme aos primeiros passos de um conceito (alimentado sob a égide do ensaio, posto que me acompanhará intelectualmente ao longo da vida que, espero, seja farta e longa) através do qual procuro adentrar no espírito de um tempo traidor em que a Arte e as tecnologias de produção de imagens estabelecem uma estabilização de elementos historicamente associados ao terror e a dor de povos subjugados pelo colonialismo e pelo sistema capitalista em prol de certo denuncismo estético que, na contramão do que se propõe a fazer, naturaliza as violências calibrando, portanto, sua capacidade financeira no mercado das artes e da poesia.

O tempo de quase dez anos na elaboração desse livro me parece razoável dentro do que aspiro como escritora, eu fiz a decisão de alargar meus horizontes teórico-práticos antes de colocar no papel qualquer tipo de dedução espetacularizada ou superficial. Não quero dizer com isso, porém, que o pensamento aqui está acabado, pelo contrário, gostaria que nesse livro o pensamento fosse, de acordo com Ferreira Gullar em uma das poucas formulações de sua lavra que realmente gosto, como um poema, isso é, *um desastre em curso*.

Afinal, estamos aqui nessa sala de ensaio, o ambiente teatral que mais me agrada. Sou formada em Artes Cênicas pela Universidade de São Paulo e, mesmo antes da conquista de meu diploma universitário, eu já fazia teatro desde os onze anos de idade na Escola de Teatro e Dança da Universidade Federal do Pará (UFPA). Fui fazer teatro depois de sair da Escola de Música, também da UFPA, que na época se chamava Serviço de Atividades Musicais (SAM). A música foi minha primeira incursão pedagógica e técnica com a Arte e a ela atribuo uma tendência que me é recorrente de formalizar a escrita e o exercício especulativo a partir de elementos encontrados na teoria musical, ritmo, cadência, harmonia, dinâmica... Não há novidade nesse procedimento, como podemos observar na elaboração da poesia como gênero que intersecciona a musicalidade à esfera da narratividade íntima, um aportar de si em si humanizante, mas há sim certo preconceito em relação à produção teórica que admite o território poético como uma possibilidade de encaminhamento das ideias.

O teatro, por sua vez, foi o primeiro lugar onde pude compartilhar minhas fabulações, porque escrevia dramaturgias para meu grupo na Escola, estimulada pelos professores. O teatro para mim tem uma importância inominável. Não sou atriz, dificilmente me relaciono com o mercado teatral em sua forma mais expansiva, mas sou completamente apaixonada pelos sentidos políticos do fazer teatral, sobretudo nesse momento histórico em que nós – pessoas de teatro – vivenciamos uma crise profunda em relação à linguagem como espaço de trabalho e de reflexão sobre a realidade.

A paisagem que encontramos atualmente demonstra que as pessoas não têm mais tempo para o tempo da cena. Como trabalhadores perdemos muito de nossa voz coletiva depois do processo de hiperindividualização dos grupos e companhias teatrais (aqui temos um paradoxo, mas é justamente em seus abismos que hoje estamos situados) e com a pejotização de nosso ofício. Além disso, o crescimento de uma cultura colonizatória de microficções visuais (mais baratas em sua via de produção e efetivas em sua divulgação massificada por meio de aplicativos) minou nossos planos estéticos, deflagrando um panorama em que os espectadores já não têm mais interesse em vivenciar a lenta atmosfera teatral, visto que é mais confortável estabelecer uma conexão estritamente observadora com materiais imediatos e de natureza estimulante do ponto de vista não apenas político-formal, mas também bioquímico.

Depois das dramaturgias comecei a publicar crônicas em um jornal que mais tarde, dez anos depois, foram organizadas em um livro dessa mesma editora. Posteriormente, me embrenhei pela linguagem romancesca, no período da pandemia, em uma exploração demasiadamente solitária e imprecisa. Assim como o livro de crônicas, meu primeiro romance já aponta para uma certa estranheza na forma e na abordagem das ações e reflexões temáticas. Essa estranheza, para mim, é o método ensaístico com o qual inaugurei essa sessão que é menos um prefácio do que uma carta de amor ao leitor – que tem a total liberdade, inclusive, de detestar esses escritos e guardá-los na última gaveta de um armário embutido.

O ensaio, essa prática em aberto de pesquisa e de poetização das abstrações, é um exercício do inacabado, isso talvez justifique o tempo anti-mercadológico e a perseverança na repetição que determinam a elaboração desse material. Eu precisava viver para escrevê-lo. Eu precisava entender as coisas pela mente e pelas entranhas. Era preciso ver a besta de perto e me deixar ferir para entender a cicatriz, felizmente sem me machucar - agora já não dói tanto me lançar ao risco da palavra.

Agora tenho quase quarenta anos de idade, esse livro reflete a impossível perfeita elaboração do que vivi como escritora olhando para os desfiladeiros que se erguem apesar de belos amanheceres. Ainda deve estar imaturo, porque outras memórias virão e estou disposta a sorver seu gotejamento – me entusiasma a possibilidade de adentrar, daqui a algumas décadas, em uma velhice intelectualmente ativa e, então, poder olhar para esse livro aprofundando suas compreensões.

Dividi nossa aventura aqui em quatro partes, apenas uma delas é composta inteiramente por textos já publicados em portais jornalísticos como críticas e artigos de opinião, trata-se da sessão *Um Cachorro Dend'água*.

A última parte, à qual nomeei *Fé*, exalta as tentativas de reanimação do espírito e da esperança, destacando com amarelo de marca-texto as mortes iniciáticas que nos exigem coragem e disposição em face do porvir – penso que esse era o melhor jeito de chegar ao final, insistindo na crença daquilo que permanece respirando pelas frestas de nossas tragédias, talvez a benfazeja, talvez a ilusão.

Paloma Franca Amorim
São Paulo, 11 de junho de 2024

ESCRITOS TRAPEIROS

ESCRITOS TRAPEIROS

A imagem reveladora do trapeiro para Charles Baudelaire surge a partir de uma espécie de catador do sentimento nostálgico em uma Paris desdobrada entre a tradição e a modernidade. Walter Benjamin irá refletir sobre essa figura principalmente nos ensaios *Paris do Segundo Império* e A *Modernidade* do livro *Charles Baudelaire: um lírico no auge do capitalismo.*[1] A intenção de desvendar Baudelaire na antinomia passado/presente que funda a modernidade é tarefa reconhecível em uma considerável parte das reflexões de Benjamin sobre a passagem DO tempo nas grandes cidades europeias. Para Benjamin, a modernidade é a síntese melancólica de um ajuste político e cultural às transformações burguesas engendradas a partir do século XVIII.

Baudelaire investigou a presença dos trapeiros nas ruas de Paris, em suas brenhas entre o passado pré-moderno que nunca acaba e a modernidade em suas acelerações contínuas e hiperdimensionadas. Para Baudelaire, o trapeiro teria o mesmo coração do poeta moderno: sua busca se dá nos trapos, no residual das grandes cidades, no libidinal vestígio das multidões que transitam entre o consumo e a experiência existencial da vida em sociedade.

O Vinho dos Trapeiros[2] foi publicado no ano de 1857, no livro *As flores do mal*, e traz à cena a confluência ébria que se dá

---

1 Ambos constam em: BENJAMIN, Walter. *Charles Baudelaire:* um lírico no auge do capitalismo. São Paulo: Brasiliense, 2000. (*Obras Escolhidas*, Vol. III).

2 BAUDELAIRE, Charles. *As flores do mal.* São Paulo: Penguin Classics Companhia das Letras, 2019.

pela relação entre o vinho e o trabalho, o vinho e o descanso do trabalhador.

O Vinho dos Trapeiros – tradução de Ivan Junqueira

Muitas vezes, à luz de um lampião sonolento
Do qual a chama e o vidro estalam sob o vento,
Num antigo arrabalde, informe labirinto,
Onde fervilha o povo anônimo e indistinto.

Vê-se um trapeiro cambaleante, a fronte inquieta,
Rente às paredes a esgueirar-se como um poeta,
E, alheios aos guardas e alcaguetes mais abjetos
Abrir seu coração em gloriosos projetos.

Juramentos profere e dita leis sublimes
Derruba os maus, perdoa as vítimas dos crimes,
E sob o azul do céu, como um dossel suspenso,
Embriaga-se na luz de seu talento imenso.

Toda essa afeita às aflições caseiras,
Derreada pela idade e farra de canseiras,
Trôpega e curva ao peso atroz do asco infinito,
Vômito escuro de um Paris enorme aflito,

Retorna, a trescalar do vinho as escorralhas,
Junto aos comparsas fatigados das batalhas,
Os bigodes lembrando insígnias espectrais
Os estandartes, os pendões e arcos triunfais

Erguem-se ante essa gente, ó solene magia!
E na ensurdecedora e luminosa orgia

Dos gritos, dos clarins, do sol e do tambor,
Trazem eles a gloria ao povo ébrio de amor!

Assim é que através da ingênua raça humana
O vinho, esplêndido Pactolo, do ouro emana;
Pela garganta do homem canta ele os seus feitos
E reina por seus dons tal como os reis perfeitos.

E para o ódio afogar e ócio ir entretendo
Desses malditos que em silêncio vão morrendo,
Em seu remorso Deus o sono havia criado;
O Homem o Vinho fez, do Sol filho sagrado!

Ao observar o poema de Baudelaire, Walter Benjamin decanta a relação entre a poesia – em sua nostalgia de um passado latino de grandes realizações – e o trabalho do trapeiro em apanhar trapos (aqui ampliemos para papéis, latas, resíduos humanos) nas ruas parisienses para revendê-los em fábricas ou ferros-velhos. Benjamin nos diz: *Os poetas encontram o lixo da sociedade nas ruas e no próprio lixo o seu assunto heroico*, e um pouco mais adiante cita uma representação do trapeiro feita por Baudelaire, um ano antes da publicação de *As flores do mal*:

> *Aqui temos um homem – ele tem de recolher na capital o lixo do dia que passou. Tudo que a cidade grande jogou fora, tudo que ela perdeu, tudo o que desprezou, tudo o que destruiu, é reunido e registrado por ele. Compila os anais da devassidão, o cafarnaum da escória, separa as coisas, faz uma seleção inteligente; procede como um avarento com seu tesouro e se detém*

> *no entulho que, entre as maxilas da deusa indústria, vai adotar a forma de objetos úteis ou agradáveis.*[3]

A modificação da consciência social da *pólis* para a *metropolis* funda a mentalidade dos tempos modernos, o sujeito da *pólis* está arraigado em sua vida citadina, organiza-se em comunidades ainda definidas por marcadores de similitude: gêneros, etnias, funções de labor para o conjunto social específico, cultura espiritual e religiosa. Por sua vez, o sujeito metropolitano conecta-se a um universo localizado à exterioridade de seus horizontes comunitários, ele toma partido de uma ideia civilizatória de mundo, conectando-se a uma abstração global da qual sente-se, também em abstrato, pertencente.

Cidadão do mundo, o sujeito da consciência moderna se expressa em uma campanha de totalidade que nem mesmo ele conhece. A virtualidade do globo terrestre e de cidades longínquas apresenta-se através das narrativas orais - ainda relativas a um estado de presentificação das trocas grupais particulares – e posteriormente pelas imagens tecnológicas e sua natureza visual imediata e de potencial massificável.

Encontramos em Charles Baudelaire, ainda, inúmeras formulações em prosa e poesia sobre a chegada do avanço cosmopolita em Paris no final do século XIX. A menção as luzes das lamparinas vistas através de uma janela em contraste com a luz natural, a descrição a respeito das multidões de onde brotam *Seres misteriosos*, a exploração dos *dias de folga* como

---

3 BENJAMIN, Walter. *Charles Baudelaire*: um lírico no auge do capitalismo. São Paulo: Brasiliense, 2000. (*Obras Escolhidas*, Vol. III). Itálico nosso.

um espaço em que a vida se apresenta distante das contendas do trabalho, explicitam o torvelinho urgente que angustia e alimenta o poeta em seus métodos compositivos e eleições temáticas. A amálgama entre trabalho, progresso e técnica configuram uma era de espantos contínuos para a sensibilidade de quem escreve a sina do humano em face da natureza como cosmos de vida e de linguagem.

O esboço do trapeiro parisiense corresponde aos modelos de crescimento da cidade e de urgência do capital industrial na era moderna, como um *flâneur* (uma das mais conhecidas tipologias exploradas semiótica e poeticamente por Baudelaire) o trapeiro se comunica com a metrópole a passos lentos, em uma busca do que foi concebido e abandonado no universo de produção, consumo e descarte industrial da modernidade. O trapeiro se faz poeta do ocaso, flanando ao fim do dia por ruas onde pode encontrar seus artefatos, objetos de subsistência e lirismo.

Diante dessas reflexões que têm me proporcionado um bom tempo de estudo, não pude deixar de procurar entender, um pouco na tentativa enviesada de uma História da Cultura Narrativa no Brasil, sobre quais são os nossos trapeiros ou que sentidos eles podem adquirir em nosso contexto negro e indígena.

Em pleno século XXI, países como o Haiti e o Equador recebem toneladas de lixo oriundas das superpotências globais. O Lixão do Aurá no município de Ananindeua no Estado do Pará foi desativado em 2014 sob uma forte tensão associada ao fato de não haver estrutura necessária para a quantidade de detritos desde o período de sua inauguração no ano de 1984 para servir de depósito aos resíduos sólidos produzidos na capital. A relação entre centro e periferia visualizada no caso amazônico pode ser dimensionada em escala mundial colonialista, na qual nos localizamos como receptáculos de detritos rejeitados pelo chamado norte global.

No ano de 2009, houve um escândalo diplomático envolvendo uma remessa de 1,4 mil toneladas de lixo tóxico do Reino Unido para o Brasil, podia-se ler em um dos reservatórios: "*por favor, entregue esses brinquedos para as crianças pobres do Brasil. Lavar antes de usar*".[4]

Esses exemplos de exploração da América Latina, Central, e de países profundamente marcados pelo colonialismo me leva a um outro caminho para descobrir nossos trapeiros no cerne da narratividade brasileira. Será possível exaurir os aspectos materiais de um catador até alcançar uma essencialidade suficientemente poética que acostume nossos olhos a uma outra paisagem urbana, essa em que o passado perdura melancolicamente por meio daqueles que trabalham coletando fragmentos, agora inúteis, de mercadorias, memórias, resquícios de um dia vivido?

Em nosso contexto histórico e geopolítico a brutal relação entre trabalho e descarte não parece estar disponível à repaginação em moldes líricos, pelos motivos mais materiais que poderiam se apresentar em qualquer discussão acerca da poesia fabricada em um país de cultura fracionada pela colonização e pelo neocolonialismo.

---

4 BENITES, Afonso. Empresa inglesa envia lote de lixo tóxico para o Brasil. *Folha de S. Paulo*, São Paulo, 27 jun. 2009. Cotidiano. Disponível em: https://www1.folha.uol.com.br/fsp/cotidian/ff2706200911.htm. Acesso em: 08 mai. 2024. Itálico nosso.

Flâneur de ganho

Inventário Geral do Mundo[5]

Arthur Bispo do Rosário foi negro, pobre, marinheiro, lutador de boxe e artista por conta de deus. Viveu num manicômio do Rio de Janeiro. Lá os sete anjos azuis transmitiram a ele a ordem divina: Deus mandou-o fazer um inventário geral do mundo.
A missão encomendada era monumental. Arthur trabalhou dia e noite, cada noite, cada dia, até que no inverno de 1989, quando estava em plena tarefa, a morte agarrou-o pelos cabelos e o levou.
O inventário do mundo, inconcluso, estava feito de ferro-velho,
Vidros quebrados,
Vassouras calvas,
chinelas caminhadas,
garrafas bebidas,
lençóis dormidos,
rodas viajadas,
bandeiras vencidas,
cartas lidas,
palavras esquecidas e
águas chovidas;

Arthur havia trabalhado com lixo. Porque todo lixo era vida vivida, e do lixo vinha tudo o que no mundo era ou tinha sido. Nada de intacto merecia aparecer. O intacto tinha morrido sem nascer. A vida só latejava no que tinha cicatrizes.

Eduardo Galeano criou o poema em prosa acima a respeito do trabalho de Arthur Bispo do Rosário, artista plástico

---

5 GALEANO, Eduardo. *Espelhos* – uma história quase universal. Porto Alegre: L&PM Pocket, 2020.

brasileiro que passou a maior parte de sua vida internado em instituições psiquiátricas.

As esculturas, bandeiras e os famosos mantos bordados por Arthur Bispo do Rosário foram confeccionados dentro da proposta religiosa (ou delirante?) apresentada por Galeano; no ano de 1938, Rosário teve uma visão que para sempre alterou sua atividade como paciente psiquiátrico, são sete anjos que surgem dos céus, a partir de então Bispo do Rosário compreendeu sua missão: ele é *aquele que veio julgar os vivos e os mortos*.

É nesse período que Artur Bispo do Rosário vira interno da Colônia Juliano Moreira, em Jacarepaguá, no Rio de Janeiro. A partir de 1954, depois de idas e vindas, torna-se morador permanente da Colônia, onde haveria de receber mais uma mensagem celestial, dessa vez orientando-lhe que passasse a representar *todas as coisas existentes na Terra para a apresentação no dia do juízo final*. Foi então que Arthur Bispo do Rosário se trancou em uma das celas da Colônia com materiais de costura e restos de panos extraídos dos uniformes dos internos, bem como objetos do espaço que já não serviam mais em sua finalidade. Pedaços de arame, madeiras, vassouras, papelão, fios e cordas foram coletados por Arthur Bispo do Rosário como matérias-primas originadas a partir de sua inutilidade funcional.

Pois bem, essa seria uma analogia interessante à ideia de funcionalidade que o próprio corpo negro enquanto força de trabalho adquiriu no pós-Abolição da sociedade de classes brasileira. Sem funcionalidade, o negro reificado em sua forma-escravo (ou seja, uma mercadoria não somente do ponto de vista da produtividade, mas também de sua existência desumanizada) foi descartado nas ruas das cidades e, posteriormente, empurrado para as franjas dos centros urbanos em um projeto que, apesar do fim da escravidão, afirmava o valor das pessoas negras apenas em sua acepção monetizável, nunca sob o aspecto da cidadania.

A nostalgia que aproxima Walter Benjamin de Charles Baudelaire não se revelou como preocupação dos poetas modernistas da pequena burguesia brasileira. A figura do catador, do ambulante, daquele que deriva nas cidades em busca de restos e sobras, não se alinhava ao ideal do homem trabalhador que viria a ser contraponto recorrente da industrialização brasileira. O operário, o imigrante, o suburbano parecem condizer mais com a realidade de um país que se queria expressar pela experimentação da linguagem da poesia, da música e das artes visuais. A discussão sobre o recente passado escravocrata, para os entusiastas da Semana de Arte Moderna de 1922, parecia não ser tão relevante quanto o cenário de atualização do pensamento artístico-social que se procurava estabilizar enquanto identidade cultural brasileira.

Lima Barreto foi um dos que levantaram problematizações acerca do movimento modernista brasileiro e muito se depreende de seus escritos a respeito do assunto, Lima não era um razinza de mentalidade estreita (*um escritor de bairro*) como espalharam à época, mas um profundo crítico do fator de ausência da escravidão como forma e tema na tal modernidade brasileira. Sua intransigência com o espírito bovarista parece haver-se com uma recusa crítica aos modelos europeus importados de concepção da cultura e da práxis ante a História na primeira República brasileira.

Lima também foi internado em uma clínica de loucos, no Hospital Nacional de Alienados, no Rio de Janeiro, inaugurado em 1852 por Dom Pedro II, após sucumbir ao vício em álcool. Grande parte da população negra sem um lugar no mundo pós-

-Abolição, incapaz de garantir sua inserção nos sistemas sociais de trabalho, moradia e seguridade, era encontrada nas ruas em busca de bicos e recursos de sobrevivência, muitas dessas pessoas passaram a habitar o espaço público também acometidas por adoecimentos psíquicos que hoje - sabemos - possuem fortes componentes histórico-sociais.

As violências produzidas contra a população negra no período da escravidão, portanto, avolumam-se também em ecos psicossociais que a longo prazo servirão de justificativa para a estigmatização do negro enquanto inapto ao equilíbrio de uma civilização normatizada em condutas sociais, intersubjetivas e culturais. O *flâneur* (o errante, observador que deambula) brasileiro é fruto da escravidão e refém das adaptações do capitalismo moderno no seio da mentalidade racial brasileira, desdobrada nas intersecções cotidianas entre poder e exploração.

O Hospital Nacional de Alienados, até o ano de 1911 chamado de Hospício Nacional de Alienados, também foi endereço de Arthur Bispo do Rosário em suas primeiras internações. A instituição recebeu a partir do ano de 1852 doentes mentais vindos da enfermaria provisória da Praia Vermelha e da Santa Casa de Misericórdia do Rio de Janeiro.

Lima Barreto escreveu sobre seu asilamento, ocorrido entre os anos 1919 e 1920, em um longo diário transformado no livro *O Cemitério dos Vivos*.[6] Dividido em duas partes, o livro apresenta os registros da estadia de Lima no Hospital Nacional e uma tentativa de laboração ficcional da experiência ali vivida. Ambas as partes são o olhar literário costurado à melancolia de

---

6 BARRETO, Afonso Henrique de Lima. *Diário do hospício e o cemitério dos vivos*. São Paulo: Companhia das Letras, 2017.

um autor de enorme envergadura ética e estilística – características que se ajustavam ao olhar racista da crítica como estupores de remorso e rancor de um poeta sem talento.

"Aborrece-me este hospício; eu sou bem tratado; mas me falta ar, luz, liberdade"

Cemitério dos Vivos é mais uma das comprovações da astúcia poética de Lima Barreto, referendada inclusive face à violência da internação psiquiátrica e do alijamento social vividos pelo autor.

No espectro das relações étnico-raciais brasileiras, a melancolia pessoal reflete, em suas variantes psicogênicas, também uma dor social resultante da discriminação, da marcação cotidiana da diferença racial projetada em gestos sutis, imperceptíveis inclusive para as leis "anti-racistas" brasileiras. A tristeza do negro, o banzo, a panema, tem fundamentos sociais anteriores à subjetividade romântica celebrada pela estética e pelos psicologismos eurocêntricos.

Lima morreu como um louco, internado em uma colônia de doentes mentais, alcoólatra, culpabilizado por suas dores. O Brasil jamais reconheceu que essas feridas abertas de alma da população negra – expurgada culturalmente inclusive no fundo dos bares - foram talhadas por torturas em troncos, chibatadas, atomização comunitária e exclusão social.

Assim como Bispo do Rosário, Lima Barreto coletou matéria-prima artística dentro do hospital psiquiátrico, claro que me refiro aqui a outra ordem de elementos. Lima reúne memórias e registros diários da vida manicomial, são referências dadas pelo caráter inefável da linguagem literária e se manifestam através de palavras alinhadas em um estilo de relato taciturno, todavia, nunca desviante da tessitura gentil de imagens, ações e devaneios:

> *Eu sou dado ao maravilhoso, ao fantástico, ao hipersensível; nunca, por mais que quisesse, pude ter uma concepção mecânica, rígida, do Universo e de nós mesmos. No último, no fim do homem e do mundo, há mistérios e eu creio neles.*[7]

Arthur Bispo do Rosário concebe o resgate do fantástico aspirado por Lima Barreto partindo de uma tarefa religiosa que muito se assemelha ao que entendemos como articulação da poesia, posto que o habitat do rito monacal também é, assim como o da narratividade ficcional, o universo do mito em suas dobraduras e abrimentos simbólicos e exegéticos.

Os tecidos e coisas recolhidas por Arthur Bispo do Rosário para a confecção de suas obras litúrgicas confluem-se com as memórias de Lima Barreto igualmente vinculadas, em composições suprarracionais (ainda que estejamos aqui falando de dois artistas considerados loucos) dentro do território da poesia. Bispo do Rosário faz da arquitetura de seu trabalho, uma aventura política de vida e ultravida. Assim como Lima Barreto, o artista magnetiza da realidade os elementos que rearticulados, inventariados e justapostos integrarão, sinonímica e/ou antagonicamente, seu diálogo com o sagrado – o sagrado deus ou a poesia sagrada?

É no gesto corsário de Arthur Bispo do Rosário que analiso aqui a narratividade de Lima Barreto, pois ambos inter-

---

7 *Ibidem*, Itálico nosso.

ceptam a matéria real do capitalismo moderno, alinhavado pelas heranças racistas da escravidão brasileira, extraindo de seus imensos navios de carga e lucro peças substanciais em sua produção artística. Ao colecionar a liberdade dos outros (a liberdade moderna do poder de aquisição e de inclusão socioeconômica, afinal), já que a própria lhes foi interrompida, o escritor e o sacerdote confeccionam seus mantos fragmentários (de memórias, fios, tramas, palavras, tecidos e violências) de tal modo a produzir extenso corpus formal-alusivo que, na maioria das vezes, tem seu legado estético empobrecido por divulgações históricas pouco rigorosas com a ideia da poesia enquanto ofício intelectual. Infelizmente, para uma considerável soma de críticos e de instituições brasileiras soa mais interessante dizer da tragédia de Lima Barreto e de Bispo do Rosário como vetor de expurgo criativo do que articular sentenças e interpretações que acolham seus trabalhos apesar e para além da série de agressões raciais e estigmatizantes responsáveis pelo adoecimento psíquico desses corpos.

Retalhos de vida

Em 1982, o fotógrafo e psicanalista Hugo Denizart produziu o documentário *Prisioneiro da Passagem*[8], financiado pelo Ministério da Saúde, no qual foram denunciadas a precariedade e as condições sanitárias desumanas da Colônia Juliano Moreira. Em 1984, Arthur Bispo do Rosário se tornou

---

8 PRISIONEIRO da Passagem. Direção: Hugo Denizart. Fotografia: John Howard Szerman. Rio de Janeiro: CNPI, 1982. DVD (30 min.), color. Disponível em: https://www.youtube.com/watch?v=8MzFTaOvsCQ. Acesso em: 09 mar. 2024.

pauta da revista *Isto É*; o fotógrafo Walter Firmo, ao lado do repórter José Castello, foi escalado para a entrevista que seria intitulada de *Quando Explode a Vida.*[9] Acredita-se que na época, Bispo do Rosário contava por volta de 74 anos de idade dos quais já havia passado quase três décadas produzindo seus artefatos sacramentais.

Para Firmo, o encontro com Arthur Bispo do Rosário foi uma sorte já que desconhecia seu trabalho e sua existência, àquela altura Bispo ainda não estava sob os holofotes das grandes instituições de arte que nos anos seguintes o promoveriam de louco à posição de artista contemporâneo.

Diagnosticado com esquizofrenia paranoide, Arthur Bispo do Rosário sofreu as mais profundas torturas psiquiátricas vigentes no período em que passou internado, choques elétricos, superdosagens de medicamentos e uso de camisas-de-força, condições desumanas da Colônia Juliano Moreira que foram sistematicamente naturalizadas no conjunto do projeto manicomial brasileiro até meados dos anos 1990.

O registro da precariedade constitutiva do trabalho de Arthur Bispo do Rosário, talvez pela natureza estética do meio audiovisual, deixa escapar um outro aspecto da linguagem que se evola do interno-santo: o mágico, o fantástico, o transcendental, conduzem nosso olhar a um tempo humano que sobrepuja a convenção formal, trata-se de um reencantamento da vida, reconhecível em seus teores barrocos. O entrelaçamento entre o sagrado e a experiência humana do mundo secular extravasa as bordas racionalistas da sociedade moderna.

---

9 CASTELLO, José; FIRMO, Walter. Quando Explode a Vida. *IstoÉ*, São Paulo, 31 jul. 1985.

"[...] a terra totalmente esclarecida resplandece sob o signo de uma calamidade triunfal. [...]"[10] – assim preconizam Adorno e Horkheimer no incontornável ensaio O *Conceito de Esclarecimento*. Para os autores, o progresso do pensamento nos termos de uma economia burguesa seria um importante artifício de emancipação das sociedades em relação aos terrores impostos pela mentalidade eclesiástica que se espraiou na cultura ocidental ao longo de séculos de dominação da fé cristã. O *esclarecimento* é, portanto, capaz de conduzir sujeitos a posições de poder sem que haja, em compensação, qualquer especulação de sacrifício ou punição mítica capaz de interditá-los.

Deflagra-se consequentemente uma inversão de poderes, se antes o contexto mítico impunha-se como uma vestimenta de elaboração do mundo, com a ascensão do pensamento científico o homem passa a ser o centro das forças psíquicas e materiais responsáveis pelo avançar da humanidade. Adorno e Horkheimer prosseguem:

> O mito converte-se em esclarecimento, a natureza em mera objetividade. O preço que os homens pagam pelo aumento de seu poder é a alienação daquilo sobre o que exercem poder. O esclarecimento comporta-se com as coisas como o ditador se comporta com os homens. Este conhece-os na medida em que pode manipulá-los. [...] Nessa metamorfose, a essência das coisas revela-se como sempre a mesma, como substrato da dominação. [...].[11]

---

10 ADORNO, Theodor W.; HORKHEIMER, Max. *Dialética do esclarecimento:* fragmentos filosóficos. Rio de Janeiro: Zahar, 1994.

11 *Ibidem*.

Podemos supor que os autores não afirmam neste ensaio que a ciência é uma mera tecnologia de dominação mercadológica, mas que a imposição de um viés burguês de produção de mundo baseado na extinção das formas transcendentais de fé e culturalidade conduz o organismo social a uma espécie de esvaziamento filosófico, esse que Arthur Bispo do Rosário parece carregar como o propósito ético de suas obras. O rito de salvação anunciado no trabalho de Bispo do Rosário alegoriza, antes mesmo de qualquer signo apocalíptico, o comprometimento ético entre um sujeito e seu credo.

Muitas vezes, Bispo do Rosário afirmou ser obrigado a produzir os mantos, esculturas e bandeiras, constatando inclusive que se as vozes divinas não o obrigassem ele não realizaria tarefa alguma, teria tempo de se dedicar a outros afazeres. O conjunto produzido por Arthur Bispo do Rosário é menos um projeto artístico do que uma incumbência espiritual, a adequação de Bispo do Rosário a um sistema contemporâneo de arte se dá através de uma correlação entre tempo histórico e modificação do mercado das artes. É o olhar curatorial que atesta a precificação estética das produções de Arthur Bispo do Rosário, integrando-as a um circuito expositivo mundial através do qual seu sacerdócio é esvaziado do caráter de missão eclesiástica e torna-se objeto histórico-artístico de usufruto voltado ao olhar humano.

Em que pese a interpretação psicológica dada à experiência mística nas sociedades modernas, os termos admitidos por Bispo do Rosário em suas entrevistas não nos situam em um campo de expressividade pessoal ou íntima e sim de um homem transformado em mensageiro de ordens divinas. O *religare*, religamento, nesse sentido, parece se dar na esfera transtemporal do mito e não necessariamente em uma sublimação teológica do presente; em outras palavras, o Bispo Arthur do Rosário e suas engenhosas criaturas sacras irmanam-se a arquétipos sociais que já não existem na modernidade, seus pares são os atores de um panorama sociocultural onde a egrégora cristã estabilizava o imaginário social a propósito do sentido da vida e do poder sobre a vida.

A solidão de Bispo do Rosário reflete um mundo fantasmático que pouco a pouco vai se apagando dos sistemas sociais modernos nos quais mesmo a religião se converteu em objeto de mercantilização e negócio. Se a intenção de Arthur Bispo do Rosário em um primeiro momento era apresentar suas obras para Deus no advento do juízo final, podemos observar – a partir de seu exemplo – a concretização do projeto humanista que transfere o poder decisório sobre a vida humana do terreno divino para a materialidade secular, o julgamento de Deus diante da fé de Arthur Bispo do Rosário é finalmente substituído pela fruição de consumidores de museus tão sujeitos à finitude quanto o artista, tão carregados de onipotência quanto o Salvador.

O livro *Manto de Apresentação: Arthur Bispo do Rosário em diálogo com Deus*, de Alda de Moura Macedo Figueiredo, apresenta a revelação das tarefas sagradas de Bispo como uma *hierofania*, isto é, de acordo com o mitólogo romeno Mircea Eliade, a manifestação de uma *consciência fundamentada na unidade do sagrado.*[12]

---

12 FIGUEIREDO, Alda de Moura Macedo. *Manto de Apresentação*: Arthur Bispo do Rosário em diálogo com Deus. Niterói (RJ): Editora da UFF, 2012.

Para Alda Figueiredo:

> A vivência da hierofania, a manifestação do sagrado, retirou Arthur Bispo do Rosário de uma existência homogênea e neutra, onde o homem se move forçado pelas obrigações de toda existência integrada numa sociedade industrial. A revelação do sagrado permitiu a Bispo do Rosário a abertura de uma clareira no mundo em que vivia para a construção de um novo mundo, ainda que esse novo mundo estivesse inserido no antigo, algo seria iniciado a ponto de romper sua estabilidade. Estava inscrito, assim, o 'ponto fixo' do universo de Arthur Bispo do Rosário, a 'fundação do mundo', o seu viver real.[13]

A existência *homogênea e neutra* aqui posta pela autora indica o reflexo das políticas manicomiais vigentes à época, ainda presentes em muitas noções médicas e sociais na compreensão do tratamento da saúde mental em pacientes crônicos. Paradoxalmente, Arthur Bispo do Rosário se torna único nos espaços da arte contemporânea a partir do momento em que passa a se dedicar a uma espécie de desindividualização mítica em seu plano de ofício. Bispo não se encaixa na ideia moderna e singularizada do artista pois coloca-se como missionário, um servo de Cristo que integra organicamente uma cristandade como ente, nunca como indivíduo no sentido moderno do termo. Ao mesmo tempo, ao ser reconhecido como artista contemporâneo, Bispo do Rosário deixa de ser apenas um número em uma ala de hospital psiquiátrico e

---

13 *Ibidem.*

começa a ser reconhecido como sujeito da arte, autor de um discurso socialmente relevante em topografia ética e estética.

Walter Firmo ao registrar as imagens de Arthur Bispo do Rosário decidiu dirigir uma sessão de fotos em que o artista pudesse estar visível, do ponto de vista técnico, portanto distante dos lugares escuros, recintos onde na maioria das vezes guardava seus trabalhos, e visível também do ponto de vista social, na medida em que Walter Firmo enquanto homem negro procura realizar em seu trabalho como fotógrafo *a ideia de glorificação do outro*.

Firmo nos conta no livro *Walter Firmo: Um Olhar Sobre Bispo do Rosário*:

> [...] Isso eu faço muito, por exemplo, na minha seara negra. Eu trabalho com negros brasileiros e procuro sempre dignificá-los, colocá-los como totens da sua própria maneira de ser, Então [Bispo do Rosário] era mais um negro, por acaso enlouquecido, dentro de um manicômio, eu teria de me confrontar com essa realidade. E procurei no que eu tinha, dentro daquele material e espaço, para consagrá-lo em sua altivez.[14]

De fato, as imagens cravadas por Walter Firmo naqueles três dias de visita à Colônia Juliano Moreira, em 1985, nos apresentam um Bispo do Rosário radiante em sua paciência com o fotógrafo e com o entrevistador, José Castello. Sua postura é íntima do espaço, apesar de tudo; as fotos são

14 FIRMO, Walter. *Walter Firmo:* Um Olhar Sobre Bispo do Rosário. Rio de Janeiro: Nau Editora/Livre Galeria, 2013.

posadas e timbram na paisagem uma figura franzina e imponente com vestes imortais. Walter Firmo diz que procurou explorar as zonas fronteiriças entre loucura e realidade através da incorporação de Bispo à luz dos ambientes externos da Colônia: ...] *Dizem que o verdadeiro louco anda no meio das sombras. Não existem luzes. Eu fiz essa conexão dele com outra fronteira, olhando um universo que parece que já não lhe pertencia".*[15]

O mundo da sanidade, expresso na fala de Walter Firmo como um sistema iluminado, surge para Bispo do Rosário através da legitimação documental da fotografia e suas ressonâncias estabelecidas na vida social. O jogo da divergência entre luz e sombras é artifício recorrente na discussão acerca dos limites entre realidade e delírio, sagração e sacrifício. As coletas de Bispo do Rosário, extraídas dos fragmentos da violência psiquiátrica brasileira, compõem em uma cartografia alegórica as insígnias de um desejo de alteridade e de síntese existencial. É por meio da estética da justaposição, ciclicamente religiosa, mediada pela relação formal de claros e escuros, que Bispo do Rosário ordena as substâncias discursivas de sua adoração.

Benjamin afirma que a alegoria como recurso e estilo de cerzidura poética estabelece uma crise entre a ideia de representação e a ideia de significação, plasmando essas duas implicações expressivas através da valorização do fragmento como sinapse do efeito radical e conflituoso do contraste. Para Benjamin, *no fundo desse abismo da alegoria ruge violentamente o movimento dialético.*[16]

---

15 *Ibidem.*

16 BENJAMIN, Walter. *Origem do drama barroco alemão.* 2ª Ed. São

A natureza transformada, apropriada pelo humano, do momento histórico em que encontramos Arthur Bispo do Rosário indica uma atualização filosófica do sentido da criação pelo uso de alegorias. Sendo a materialidade do conjunto de obras de Bispo os restos de utensílios e uniformes da Colônia Juliano Moreira, o reencantamento da vida proposto pelo artista se dá através da dissecação significativa dessas materialidades, o que antes era controle e regulação, homogeneização do humano em termos cientificistas, converte-se em partícula basal e socialmente desfuncionalizada em uma totalidade nova, regida pelo calor do artesão em suas preces mais solitárias e conectadas a um passado mítico capaz de lhe atribuir em dádiva a autoridade da criação. Mais importante do que evocar um ato de fé como exercício religioso, aqui, parece necessário uma vez mais trazer à luz do extraordinário a relação entre Bispo do Rosário e a crença no rito como força-motriz do ato de composição artística em meio à violência institucional.

Coleta de pensamentos

A última personagem deste apanhado de trapeiros chama-se Estamira Gomes de Souza, trabalhadora negra, paciente psiquiátrica do Estado do Rio de Janeiro, que catava materiais para a reciclagem no aterro do Jardim Gramacho.

O documentário *Estamira*[17] lançado no ano de 2004, sob direção de Marcos Prado, é o desdobramento de um longo

---

Paulo: Editora Autêntica, 2011.

17 ESTAMIRA. Direção: Marcos Prado. Produção: José Padilha. Roteiro: Marcos Prado. Rio de janeiro: Europa Filmes, 2004. DVD (121 min.), color. Disponível em: https://www.youtube.com/watch?v=-wHISEEXMh4. Acesso em: 10 fev. 2024.

projeto no qual Prado realizou inúmeras visitas ao então lixão do Jardim Gramacho, no município de Duque de Caxias, formado por uma área de mais de mil metros quadrados.

Ao fotografar o Jardim Gramacho, depósito de toneladas de lixo urbano produzido na cidade do Rio de Janeiro, Marcos Prado diz ter sido capturado por aquela paisagem de *mar de lixo*, onde mulheres, homens e crianças misturavam-se ao *caos do cenário de abandono e desolação*.

Durante dois anos, Prado visitou o Jardim Gramacho para fazer fotografias da vida cotidiana que ali se instalava, recebendo no ano de 1996 o Prêmio Marc Ferrez de Fotografia. O processo de registro da existência do Lixão Jardim Gramacho – que logo em seguida seria transformado em Aterro Sanitário pela Companhia Municipal de Limpeza Urbana do Rio de Janeiro (COMLURB) – foi se desenrolando no tempo até que nos anos 2000 o fotógrafo se encontrou pela primeira vez com aquela que viria a ser a protagonista de seu documentário.

Estamira é demarcada nas fotografias de Marcos Prado como uma presença forte. As linhas sulcadas sobre sua face remendam um corpo em contínua cicatrização. Vítima de abusos sexuais e do conjunto de sevícias raciais e econômicas brasileiras, Estamira apresenta-se ao fotógrafo como uma trabalhadora do lixão. No relato de Marcos Prado encontramos o momento em que esses dois agentes narrativos da história da catadora tomam conhecimento um do outro:

> [...] esbarrei-me com uma senhora sentada em seu acampamento, contemplando a paisagem de Gramacho. Aproximei-me dela e pedi-lhe para tirar o seu retrato. Ela me olhou nos olhos consentindo e disse

> para me sentar ao seu lado. Conversamos por um longo tempo. Estamira era seu nome. Contou que morava num castelo todo enfeitado com objetos encontrados no lixo e que tinha uma missão na vida: revelar e cobrar a verdade. Nos tornamos amigos. Um dia, tempos depois de conhecê-la, ela me perguntou se eu sabia qual era a minha missão. Antes que eu respondesse, Estamira disse: 'a sua missão é revelar a minha missão.' [...].[18]

A revelação à qual Estamira se refere adquire nuances próprias no filme produzido por Marcos Prado, e deságua em um material de imagens belas e perturbadoras exatamente pelas decisões estéticas que acarretam a projeção de uma persona Estamira envolta em uma miséria romântica, tatuada à tela em preto e branco, com uma trilha sonora oscilante entre a tensão e a apoteose.

O produto *Estamira*, ainda que encante os olhos apaixonados do espectador de cinema, carrega células de uma liberdade criativa extasiante e ao mesmo tempo perversa. O filme recodifica a *missão* de Estamira, também apresentada como um expoente metafísico influenciado pelo império do cristianismo, sob filtros de uniformidade estética através dos quais a pobreza de estruturas, tanto do lixão quanto da vida cotidiana da trabalhadora, torna-se sublime; uma encenação elogiosa do colapso social ao qual a jornada de Estamira se entrelaça.

A relação entre o caótico espaço físico e uma pretensa leitura da subjetividade de Estamira é realçada pelas oposi-

---

18 PRADO, Marcos. *Jardim Gramacho*. Rio de Janeiro: editora Argumento, 2024.

ções cênicas; imagens do lixão vivo em si mesmo, com suas fogueiras e toda a sorte de descarte que uma cidade pode produzir, ambientam inexoravelmente a condição psíquica que se tenciona revelar. Nessa permanente tradução entre signos, o filme realiza uma Estamira entranhada ao Lixão, no qual pôde encontrar certa paz de espírito em face das agressões vividas ao longo dos anos.

De estupros sistemáticos à fome, as dores experimentadas por Estamira integram-se a uma consciência crítica em que a figura de Deus se manifesta como a expressão da iniquidade, para Estamira o poderoso Criador não é mais que uma farsa alimentada por instituições religiosas, padres e pastores. Ela nos diz em uma das confissões presentes no filme:

> Eu transbordei de raiva. Eu transbordei de ficar invisível com tanta hipocrisia, com tanta mentira, com tanta perversidade, com tanto trocadilho, eu, Estamira. E a culpa é do hipócrita, mentiroso, esperto ao contrário, que joga pedra e esconde a mão. A doutrina errada, trocada, ridicularizou os homens, ridicularizou mesmo e vai me pagar![19]

Para o historiador da arte Jean Galard, *a estetização é uma operação que transforma objetos, seres ou situações em um espetáculo de que se pode usufruir sem se sentir vitalmente implicado.*[20] A beleza retratada no documentário *Estamira* inocula

---

19 *Ibidem.*

20 GALARD, Jean. *Beleza exorbitante:* reflexões sobre o abuso estético. São Paulo: Editora Unifesp, 2012.

no expectador, uma vez mais, uma sensação contemplativa implicada em um campo moral e transitório, saímos do cinema acachapados pelas belas imagens do horror em que um lixão se transforma espetacularmente no único território onde Estamira é capaz de ser quem é sem concessões ou julgamentos.

O Jardim Gramacho se faz indelével na narrativa do documentário como um reino de tesouros invertidos, resíduos dos quais a civilidade burguesa se livra ignorando que seu destino é um grande campo de trabalho onde seres humanos em situação miserável vão para batalhar por alguns trocados. No filme, Estamira é a senhora igualmente invertida desses tesouros, não como agregadora material do que lhe sobra no final do dia, mas em uma interpretação poética-psíquica: o lixão e toda a justaposição da ruína civilizatória são o espelhamento de uma subjetividade esmagada pelas violências de gênero, raciais e psiquiátricas sofridas.

A cena final do documentário, redentora em sua magnitude voraz, conclama o mar enquanto uma outra forma de espacialidade-psíquica. Estamira desfruta de um prazeroso banho de praia, está alegre, às vezes é enquadrada em momentos de introspecção, observa as ondas e diante delas parece conjurar uma benção ou uma maldição. À frente do mar revolto, cujas espumas vibram ainda mais silenciosas sob a catalisação do filtro monocromático, Estamira tem seu âmago devassado pela lente da câmera, o encontro entre Estamira e o mar é o golpe de dignidade linguística que confere reparação simbólica ao mal vivido pela persona. O filme termina na apoteose dessa conexão entre sujeito e natureza, um conjunto de imagens emblemáticas, hipostasiadas, que se contrapõem ao drama do lixão em termos dramáticos, nunca políticos.

Estamira se encerra junto aos créditos finais da obra. É então que ela passa a existir em nosso imaginário como uma referência de liberdade (vejam só, ela prefere estar no lixão a viver em meio a uma sociedade doente, refém de um Cristo traidor), somando-se a tantas outras figuras ficcionais que dignificadas pela arte passam a ser vistas como símbolos de algo maior, ente subversivo do capitalismo e da regulação social dos corpos.

Apesar da glória estética, Estamira no entanto ainda é uma mulher real, sua vida material e política continua depois da exibição do documentário, modalidade cinematográfica que nos ilude com a pretensão de exibir uma verdade factual, ocultando muitas vezes a operação de decisões que artificializam a imagem em seu empoderamento trágico, extraordinário, sublime ou transgressor. Quais as opções possíveis para que a Estamira da vida real venha a ser *Estamira*, a persona-mercadoria do filme premiado em tantos festivais? Sob qual ângulo seus surtos psicóticos podem parecer orações profanas e enigmáticas? A qual distância focal a melancolia da filha de Estamira, Maria Rita, separada da mãe ainda criança, é passível de ser realçada? Quantos urubus (mortos ou vivos) precisam estar reunidos no lixão para que a paisagem fique ainda mais vertiginosa?

"Tudo que é imaginado existe, e é, e tem".

O esquema documental aparece em *Estamira* em uma projeção ilusionista que nos abraça emocionalmente, posicionando-nos como cúmplices de um processo de invasão exegética suficientemente plena para nos fazer acreditar que ao assistir ao filme estamos irmãmente dando as mãos à catadora.

Ao fim e ao cabo, *Estamira* apresenta um grave problema de forma que, em sua natureza incontornável, vem a ser também um problema ético já notado em outras produções documentais similares em que pessoas pobres, negras e neuroatípicas são expostas como heroínas de um tempo utópico, salvadoras transcendentais de uma sociedade adoecida em seus empreendimentos monetizáveis e neocolonialistas.

Por outro lado, é preciso enxergar no documentário *Estamira* também potências enunciativas que mobilizam o espectador a um encontro com suas regências emocionais e com as portas de entrada de uma sensibilização social – insuficiente no âmbito de qualquer mudança no campo da realidade coletiva, mas bastante conclusivo no âmbito das interlocuções individuais que, afinal, falam ao nosso tempo drasticamente como meios aparentemente únicos de tomada de decisão.

Se o problema do filme justamente é seu alijamento de uma realidade continuada, encapsulando Estamira em quadros de acontecimentos que pressupõem um todo diário gloriosamente cinematográfico, sua resolução mercadológica consta nesse exato aspecto, a estetização heroica de Estamira purga a imagem social do indigente anônimo, individualizando-o e portanto causando no expectador a sensação de que é possível enxergarmos o catador de lixo, o trapeiro, o poeta que não frequenta salas de cinema, como um semelhante.

A POESIA É POSSÍVEL?

você que fala becos e vielas
sabe quantos centímetros cabem em um menino?

sabe de quantos metros ele despenca
quando uma bala perdida o encontra?
sabe quantos nãos ele já perdeu a conta

Luz Ribeiro[21]

Em uma conversa com a poeta Luz Ribeiro pude ouvi-la contar sobre sua experiência representando o Brasil na Copa Mundial de Poesia Slam, na França, depois de ter logrado a primeira posição na disputa brasileira. Luz não passou para a final do mundial e chamou atenção a um episódio no mínimo interessante, em virtude de seu poder esteticamente contrastivo e sociológico: o rapaz que obteve uma pontuação mais alta do que a dela era de um país da Europa e o teor de sua poesia tocava uma questão tão curiosa quanto frugal, na performance o poeta evocava a trajetória de existência e morte de um cão de estimação. Luz contou ter tomado um susto, foi dele que se erigiu a pergunta-chave da slammer sobre a situação: *sendo mulher preta brasileira, moradora de periferia, como eu poderia levar uma poesia dessa a um festival mundial? Como eu poderia falar de um cão ao invés de falar de meninos baleados em becos e vielas?*

---

21 RIBEIRO, Luz. Menimelímetros. *Revista Literária Pixé*, Mato Grosso, 2019. Disponível em: https://www. revistapixe.com.br/luz-ribeiro. Acesso em: 10 mar. 2024.

A questão de Luz é seminal e avança em uma vanguarda crítica duramente ignorada pelos defensores do regime autônomo da poesia como linguagem. Como se faz possível constituir a fortuna poética de um país ignorando os princípios que ordenam seus revezes sociais e políticos? E mais: continuaremos a divulgar a poesia brasileira, em âmbito internacional, insistindo em não mencionar a condição responsável, inclusive, por décadas de deleção de autorias populares negras e indígenas?

O Festival Mundial para Luz Ribeiro, uma poeta afro-brasileira, não é um espaço de exaltação da técnica e da criação poética, mas sim a oportunidade de, por meio da poesia falada, conduzir o espectador/ouvinte a um estado de alerta em face de acontecimentos concernentes a um povo. A denúncia sob esse aspecto não se caracterizaria como uma elaboração em moldes panfletários, mas sim como causa e efeito de um metabolismo próprio do poema, desenhado à oralidade, realizado em performance.

Luz Ribeiro em cena faz a palavra acontecer em sua emissão corporal, física e aurática. Essa palavra advém de uma inquietação política cujo arco atravessa a artista em termos de vivência particular, íntima e pública, no lugar anterior à teoria e à poesia, o lugar da materialidade histórica deflagrada na cor da pele, na textura dos cabelos e no endereço da poeta.

A matéria trabalhada no ofício do poema é a própria vida, mas não em sua definição romântica ou simbolista. Dentro dos arquétipos da poesia negra brasileira, a vida se constitui fundamentalmente a partir de uma realidade já demarcada por diferentes graus de absurdo que, dentro da tradição do ocidente europeu, poderia ser interpretado como elemento fantástico, ruído distintivo da realidade ficcional, reiteração estética cuja finalidade seria exacerbar os laços entre o real e a ficção. Para a poeta brasileira, o campo da invenção (em sua tessitura quimérica em que as doses de terror são continuamente aplicadas na superfície cotidiana) é a verdadeira face do real.

Grande parte dos pontos de vista críticos, mesmo os contemporâneos, se concentram em uma lógica paradoxal autorreferente e etnocentrada. Autorreferente porque discute o lugar da crítica como uma posição onde especialistas técnicos e filosóficos encastelam-se em meditações que avaliarão o material do poeta como um objeto que se adéqua a seus pressupostos de valor e qualidade estética. Etnocentrada pelas razões históricas que beneficiam o aporte teórico-metodológico europeu em aplicações *bárbaras*, o que faz de nós, artistas e intelectuais latino-americanos, permanentes reféns de tecnologias de imaginário europeu que, para além do falso problema da legitimidade ou do pertencimento, se constituem sumariamente como rejeição e apagamento das estratégias estéticas culturais e regionais.

É comum o fenômeno de comparação entre o que se produz dentro das comunidades locais latino-americanas, incluindo os centros e periferias das grandes metrópoles, com as produções já registradas nos percursos históricos das artes europeias. Sob o rastro de uma mentalidade pequeno burguesa branco-brasileira, parte da elite que se fez a nata artística e intelectual no país defendeu esse modelo crítico de maneira contumaz, valendo-se de uma posição privilegiada dentro dos centros de formação e universidades, de modo a encampar o projeto de eliminação de modalidades epistêmicas indígenas e afrodiaspóricas de contextualização da arte e da cultura no território brasileiro.

O projeto ufanista atribuído a um espírito de modernização da poesia nacional antes de priorizar factualmente a manifestação das diversas forças artísticas de um país de extensão continental, elabora metonimicamente a configuração de um sentido único da poesia brasileira através da qual a região sudeste se torna a parte que depõe a respeito do todo. São Paulo e Rio de Janeiro, dois grandes eixos econômicos brasileiros tornam-se, portanto, bandeiras representativas de toda uma nação: das vilas e ilhas afro-amazônicas às estâncias sulistas, tudo se orienta para um mesmo sabor de conteúdos e estilos de linguagem, a diversidade multidimensional e autônoma é achatada em uma receita crônica estabelecida pelo referencial sudestino.

As vozes expressivas indígenas e negras são emparedadas em uma constância antropológica, autenticadas esteticamente sob o marcador de *cultura primitiva* que, não obstante sua consolidação pré-moderna, serviriam de inspiração aos tempos vindouros da arte brasileira do século XX, cuja exaltação das formas populares não ultrapassaria os limites de um academicismo esquematizante no qual as estereotipias racistas seriam expoentes da celebração do povo como matéria homogênea e desesperadamente harmoniosa.

Importante relembrar a admiração dos autores das vanguardas estéticas europeias diante do continente africano, seu enamoramento com as modalidades de uma arte considerada *selvagem* apoia-se em um fascínio exotizante. Ali, na primeira metade do século XX, mergulhados em processos estéticos e políticos que ativavam uma percepção urgente e sensível sobre o tema da própria vida social, particular e subjetiva, os artistas vanguardistas encontravam nas experiências dos continentes africano e asiático a porção idílica e natural capaz de irradiar o contraste necessário ao ambiente maquinal e célere da ideia de modernidade que se instalava nos países europeus.

De acordo com o crítico Octavio Paz[22], o romantismo e a vanguarda surrealista viriam a ser eventos históricos com caráter projetivo, a fim de tornar a vida em poesia e operar assim uma revolução decisiva nos espíritos, nos costumes e no tecido social, produzindo laços entre o poeta medieval enquanto corpo desvanecente, aplacado pelas urgências e utilitarismos do século XX, e sua reencarnação possível como signo-agente da poesia moderna europeia.

Tanto a estética romântica, muito mais ampla do que a ideia de escola ou de vanguarda, quanto o movimento surrealista estabelecem premissas importantes para a constituição da arte ocidental, globalizada em virtude de seu potencial colonialista e deliberadamente posicionada à centralidade do pensamento técnico, linguístico e poético.

A poesia romântica, cujo valor humanístico de maior poder incidental seria a ideia de um sujeito que se desloca para dentro, rumo ao confronto de si e consigo, estimulado por um jogo de forças naturais, é responsável por qualificar o indivíduo na história da arte ocidental em uma posição de expressividade emocional; o sujeito romântico transborda o campo da poesia e expande-se no tempo e no espaço histórico como um ente social categorizado sobretudo por meio de suas pulsões subjetivas, ímpetos agonísticos que o levam a viver, agir e, portanto, a produzir linguagem.

Posteriormente, já no século XX, encontramos o surrealismo igualmente celebrado por Paz como plano de encarnação do poeta medieval. A síntese surrealista é imediata: não há limites concisos entre o plano da experiência onírica e o

---

22 PAZ, Octavio. *Signos em rotação*. São Paulo: Perspectiva, 2020.

plano da realidade. Para Octavio Paz, o surrealismo ataca as noções de objeto e sujeito, ou seja, o fundamental do discurso surrealista é transvalorar a substância humana em estado de devaneio para o coração das coisas e das paisagens.

O sujeito surrealista é também sujeito do surreal, apassivado não pela imposição de um programa estético, mas pela liberação de si – o vazio produtivo de recusa à lógica hiper-racionalizante. O mundo surrealista é soberano e ergue-se como conexão entre o vaguear humano, também subjetivo, dentro de malhas psíquicas insondáveis.

Ao atravessarmos o Atlântico, essas definições pulverizam-se em contextos de exploração não apenas nos circuitos da força de trabalho físico, mas também mental. A origem mexicana de Octavio Paz não o desviou, nem a outros tantos intelectuais da América Latina, da operação simplista de adequação do pensamento regional ao pensamento hegemônico globalista. O México do ensaísta é uma confluência de manifestações artísticas e religiosas ricas e de extrema relevância à concepção de uma visão crítica (liquidificadas por certo viés liberal) a propósito da cultura mexicana no sentido daquilo que ela poderia vir a ser.

Essa concepção de análise preconiza, por conseguinte, a existência de referências objetivas em que uma comunidade deve se espelhar, e o espelho aqui é um elemento importante haja vista que a reflexão especular cria um considerável grau de distorção da imagem real, ignorado pelo olhar voltado à necessidade de utilização do reflexo enquanto autoimagem. O espelho afaga a vaidade, porém, a depender de suas qualidades físicas, pode também enganar a percepção. Como produzir os reflexos de uma cultura latino-americana em um espelho fabricado pelas luzes europeias?

Afunilar essa questão significa perguntar-se: o poeta de um mundo colonizado é possível?

Um artista impossível: Maxwell Alexandre e o caso Inhotim

Maxwell Alexandre é um jovem artista plástico carioca que vive e trabalha na favela da Rocinha. *Pardo é Papel: The Glorious Victory*[23] é um de seus trabalhos mais conhecidos, trata-se de uma série de pinturas em grande escala sobre papel pardo articuladas em sínteses críticas ao elogio da miscigenação historicamente difundida no contexto brasileiro. No projeto de Maxwell Alexandre, a problematização do termo *pardo* vem em distintivos imagéticos representados por situações cotidianas de pessoas negras em seu convívio pessoal e urbano.

As pinturas sobre o pardo papel restituem à superfície da literalidade o seu componente semântico: pardo é uma cor pouco definida e situa-se na gradação entre o amarelo e o acastanhado, pardo não é etnia e nem racialidade.

O uso técnico do termo para fins de racialização é implementado em 1872, no ano de 1890 é substituído por *mestiço* e em seguida deixa de existir. Entre alterações e omissões de análise demográfica brasileira ao longo de todo o século XX, somente no ano de 1991, junto à inclusão da categoria *indígena*, o *pardo* volta a ser uma das alternativas no campo raça

---

23 FUNDAÇÃO IBERÊ. Maxwell Alexandre – *Pardo é Papel*. Porto Alegre: Fundação Iberê, 2021. Disponível em: http://iberecamargo.org.br/exposicao/maxwell-alexandre-pardo-e-papel/. Acesso em: 11 fev. 2024.

ou cor para indicar pessoas negras de pele clara – a soma de *pretos* e *pardos* autodeclarados configura, segundo o Instituto Brasileiro de Geografia e Estatística[24], o IBGE, a totalidade majoritária de pessoas negras no país.

A definição (ou indefinição) da categoria *pardo* é entendida como problemática por diversos setores dos movimentos negros, responsáveis fundamentais pela formalização de procedimentos estatísticos orientados pela perspectiva histórica do conjunto populacional brasileiro, apesar disso, a categoria foi mantida no cerne da disputa pela inclusão de pessoas negras no contexto nacional de concursos e instituições.

A dialética do pardo não é simples. Se por um lado, a racialidade de pessoas negras de pele clara (e também de pessoas indígenas que não se reconhecem dentro de um referencial étnico-territorial) esvazia-se como identidade ao ser subsumida em uma terminologia que nem de longe dá conta dos sentidos de ser negro no Brasil, por outro, é por meio dessa homogeneização do pardo que números e conclusões geopolíticas tornam-se capazes de descortinar oficialmente a realidade histórica negra brasileira. Unificados como corporalidades dissidentes e economicamente fragilizadas, pretos e pardos reúnem em sua existência populacional a necessidade premente de metodologias de inclusão sociorracial no contexto de direitos e acessos no campo da cidadania.

No ano de 2017, Maxwell Alexandre inicia o projeto *Pardo é Papel*, a série de pinturas apresenta-se como um

24 PETRUCCELLI, José Luis; SABOIA, Ana Lucia. (Orgs.). *Características Étnico-raciais da População Classificações e Identidades.* Rio de Janeiro: IBGE, 2013. Disponível em: https://biblioteca.ibge.gov.br/visualizacao/livros/liv63405.pdf. Acesso em: 20 fev. 2024.

manifesto capaz de historicizar, como contraponto crítico, a hipostasia da categoria *pardo* no contexto da cultura brasileira, ou seja, a obra de *Pardo é Papel* problematiza a constante atribuição de caráter absoluto ao não-lugar racial de pessoas negras de pele clara. Em uma entrevista para a Fundação Iberê Camargo, o artista nos diz:

> O desígnio pardo encontrado nas certidões de nascimento, em currículos e carteiras de identidades de negros do passado, foi necessário para o processo de redenção, em outras palavras, de clareamento da nossa raça. Porém, nos dias de hoje, com a internet, os debates e tomada de consciência e reivindicações das minorias, os negros passaram a exercer sua voz, a se entender e se orgulhar como negro, assumindo seu nariz, seu cabelo, e construindo sua autoestima por enaltecimento do que é, de si mesmo. Este fenômeno é tão forte e relevante, que o conceito de pardo hoje ganhou uma sonoridade pejorativa dentro dos coletivos negros. Dizer a um negro que ele é moreno ou pardo pode ser um grande problema, afinal, Pardo é Papel.[25]

Importante observarmos que, a partir da primeira década dos anos 2000, depois de implementada a Lei de Cotas 12.711[26] e com a expansão das ágoras das redes sociais, iniciou-

---

25 FUNDAÇÃO IBERÊ. Maxwell Alexandre – Pardo é Papel. Porto Alegre: Fundação Iberê, 2021. Disponível em: http://iberecamargo.org.br/exposicao/maxwell-alexandre-pardo-e-papel/. Acesso em: 11 fev. 2024.

26 BRASIL. Casa Civil. *Lei nº 12.711*, de 29 de agosto de 2012. Dispõe

-se um movimento colateral sobre o tema, organizado por pessoas autodeclaradas pardas que se inserem no pleito de cotas raciais, porém sem se identificar como negras.

O aumento verificado pelo IBGE de pessoas autodeclaradas pardas nos últimos anos permanece no fio de corte da ambivalência racial, muitas pessoas negras de pele clara passaram a se entender como negras, uma identidade anteriormente denegada pelas estigmatizações históricas do racismo, e ao mesmo tempo pessoas não tão brancas em um país como o Brasil começaram a reivindicar sistemas de reconhecimento do orgulho pardo como uma expressão identitária autônoma e isolada da categoria negra.

O ineditismo da ação se estabelece apenas nas características de sua plataforma de debate, é nas redes sociais que a discussão acende suas luzes, em tratamentos oportunistas, superficiais, ventilados por uma concepção mercantil neoliberal de autoestima e representatividade, mas seus eixos ideológicos nos remetem ao início do século XX, quando as teorias eugenistas que subsidiaram a instalação das convenções sanitaristas no Brasil são utilizadas como medidas de constatação diagnóstica que considerava a pessoa mestiça (pardos, caboclos, mulatos, cafuzos, mamelucos, etc.) como uma manifestação de degenerescência biológica, psíquica e social.

Para muitos médicos sanitaristas da época, a mistura entre brancos e pretos degradava as qualidades constitutivas da pureza racial caucasiana e se fazia, portanto, uma interferência nas ins-

---

sobre o ingresso nas universidades federais e nas instituições federais de ensino técnico de nível médio e dá outras providências. Brasília, 29 ago. 2012. Disponível em: https://www.planalto.gov.br/ccivil_03/_ato2011-2014/2012/lei/l12711.htm. Acesso em: 10 mar. 2024.

truções éticas, filosóficas e de noção civilizatória caras à formação da sociedade brasileira moderna. A parcela negra no corpo miscigenado era o componente da adulteração da pureza racial, desvelando uma realidade política e cultural em que pessoas negras miscigenadas são concebidas como sujeitos desprovidos de inteligência corpórea, moral e intelectual. De acordo com tais imperativos, é a porção negra a responsável por deteriorar a índole e a humanidade dos filhos da miscigenação brasileira.

O movimento de orgulho pardo, de curiosa ascensão na mesma década em que as ações afirmativas de cotas raciais se consolidaram como mecanismo de inclusão das universidades públicas brasileiras, surge a reboque das premissas eugenistas do início do século XX, pois baseia-se na lógica de fracionamento racial preconizada pelas autoridades e intelectualidades brasileiras as quais, face à concepção do determinismo racial, estimulavam o embranquecimento da população. O orgulho pardo, portanto, bem como a negação da negritude constitutiva de populações miscigenadas, promove explícita aliança com as mais abomináveis sínteses da educação eugenista.

O problema do orgulho pardo, assim como de autodeclarações fraudulentas feitas por pessoas socialmente lidas como brancas em seleções nas quais as cotas raciais aparecem como critério, evidencia novamente o caráter de afastamento da materialidade histórica na concepção das políticas públicas brasileiras.

A categoria pardo deveria estruturalmente polarizar, junto à categoria preto, o *branco* no cenário das instituições, pois, a despeito de pessoas autodeclaradas brancas serem uma minoria no território nacional, elas ainda são a maioria nos espaços públicos de emancipação política, de aprendizagem técnico-teórica, de docência e de poder decisório.

Ademais, quando pessoas autodeclaradas pardas decidem se afastar do guarda-chuva da negritude como condição sócio-étnico racial abandonam o fortalecimento das maiores vítimas do racismo brasileiro: as pessoas negras de pele escura ou retinta, verificadas também por amostragem político-demográfica como sujeitos pertencentes aos extratos mais precarizados do tecido social.

O trabalho de Maxwell Alexandre, uma vez incorporado ao circuito de museus, não apenas no Brasil, inverte pontualmente o panorama de exclusão do artista enquanto pessoa negra e moradora de favela. A condição social de Maxwell Alexandre, no entanto, adquire contornos de mercado para além das temáticas examinadas em suas pinturas, é também pela mercantilização de sua identidade que o contexto museológico explora sua divulgação e, consequentemente, a produção do mercado consumidor de obras de arte, estabelecido à luz de um sistema muito sofisticado de autonegação do consumo (afinal, em tese, museus são lugares de experienciação da alta cultura e suas lojinhas comumente ficam ao final das exposições).

Mas, sim, o pressuposto mercantil da cultura age nos sujeitos dentro dos mesmos impulsos elétricos que uma propaganda de sapatos. Em que pese a força da relação desinteressada, substancial no discurso kantiano sobre a fruição da obra de arte, a finalidade sem fim do desinteresse espontâneo do espectador/observador, ao contrário do afirmado em sinopses de exibições artísticas, não anula a força do capital reificando o produto artístico em termos ideológicos, financeiros e subjetivos.

Já me peguei dizendo *eu adoraria ter um Maxwell Alexandre nas paredes de casa* ou *Felizmente, consegui adquirir um Uberê Guelé para pôr no hall de entrada*. A construção horripilante e crônica dessas sentenças sobre as artes plásticas e visuais descortina por um mero linguajar de mal gosto a relação que se organiza através do discurso na qual nos cristalizamos sob a forma de uma clientela vaidosa e com ganas de possuir aquilo que sustenta a imagem de sermos pessoas cultas e informadas.

É especialmente trágico que tratemos obras de artes produzidas por artistas negros dessa maneira. A metonímia *artista/obra* nos comunica metaforicamente uma ideia histórica terrível: ao fundirmos Maxwell Alexandre ou Uberê Guelé ou Antonia Muniz ou Jaider Esbel ao produto de suas obras, assim como fazemos com artistas brancos, nós os transformamos automaticamente em marcas comerciais. O peso simbólico dessa operação, contudo, não é o mesmo para o contexto branco, pois autores brancos nas artes plásticas nunca foram, eles mesmos, em sua carne literal e no corpo de sua humanidade, o produto a ser comercializado.

A objetificação de artistas negros e suas condições de classe remonta, agora sob a espiral do *fetiche*, a própria semântica escravocrata. Racializar o trabalhador pela linguagem nos dá a dimensão dos significados marxistas expandidos por Lukács[27] sobre os dispositivos históricos das sociedades capitalistas que interpenetram nas relações sociais, materiais e subjetivas, compulsoriamente ressecando-as em condições inanimadas, assim como as mercadorias circulantes no mercado – a pessoa negra codificada pelo que produz atualiza uma identidade colonial de violência escravista na qual a categoria moderna de trabalho sequer podia ser aplicada como conceito de exploração.

---

27 LUKÁCS, Georg. *História e consciência de classe*: estudos sobre a dialética marxista. São Paulo: Martins Fontes, 2003.

Maxwell Alexandre costuma questionar esse destino aparentemente irrevogável. A propriedade crítica de suas obras envolve a multidisciplinaridade de materiais pouco ortodoxos nos esquemas tradicionais das artes plásticas. O papel pardo usado em *Pardo é Papel* é como uma embalagem popular, um material mais barato, nada associado às materialidades típicas da alta cultura museológica. É no perecível de *Pardo é Papel* que a intervenção política de Alexandre se estabelece diante dos demarcadores hegemônicos do que pode e do que não pode ser entendido como arte. Em uma retomada de invertida, o autor humaniza sua obra na medida da não-eternidade, atribuindo-lhe um tempo de existência determinado poeticamente pela finitude.

Dentro dessa profunda modulação das noções correlatas entre estética e vida social, Maxwell Alexandre se envolveu em um importante debate sobre os métodos expositivos de galerias e museus brasileiros.

Em dezembro de 2022, Alexandre solicitou a retirada de sua obra da exposição *Quilombo: vida, problemas e aspirações do negro*, organizada pela equipe curatorial do Instituto Cultural Inhotim, museu de arte contemporânea fundado em 2002 na cidade de Brumadinho, Minas Gerais.

Em um comunicado, Maxwell Alexandre disse não ter consentido o uso de seu conceito e trabalho como parte central da exposição e exigiu que a instituição retirasse o conjunto de pinturas da série *Novo Poder*, realizadas em 2021, e adquiridas para composição de acervo. Do ponto de vista jurídico de propriedade material, o trabalho de Maxwell Alexandre pertencia ao Instituto Inhotim, mas o uso que foi dado à série desidratava conceitualmente seu sentido estético e político – esse, sim, ainda de propriedade do artista.

Exposta junto com obras de outros trinta e dois artistas e coletivos negros, *Novo Poder* discute a participação negra em espaços consagrados de experiência artística, criando tablados de exaltação ao conhecimento intelectual e artístico negro, sumariamente desqualificados pelos ditames elitistas responsáveis pelo extravio das concepções de arte brasileira.

Na mesma época de *Quilombo: vida, problemas e aspirações do negro* uma outra exposição estava na programação do Instituto Cultural Inhotim, uma coletânea de obras que retratavam *o humano* e *seu universo* integrada por apenas três artistas brancos, praticamente uma exposição individual associando esses artistas a uma premissa de universalidade simbólica e política. Foi por essa razão que Maxwell Alexandre começou a reivindicar a retirada de suas obras da exposição coletiva, explicitando o problema da acepção das categorias *particular* e *universal* mobilizadas em separado, uma verdadeira distorção da lógica hegeliana sobre o tema.

A cisão entre *particular* e *universal* é constantemente sugerida como modelo de condicionamento sobre o que é a arte branca e o que é a arte negra. A arte branca em sua gênese neutralizada, seria expressão da universalidade teórico-simbólica sobre o mundo e a humanidade; a arte negra nesse quadro é determinada pelo signo da especificidade, destituída de propriedades gregárias que, por vias sociais e/ou alusivas, poderiam tornar-se conceitos paradigmáticos. A arte negra, nesse sentido, é considerada na maioria das vezes uma realização externa ao poético, uma crua denúncia, um desabafo, um depoimento pessoal, nunca uma ontologia.

Maxwell Alexandre afirmou só admitir uma exposição em Inhotim quando for contemplado com seu próprio pavilhão de exposição individual. Para muitos essa postura resplandece o espírito imaturo de um jovem artista, muitas argumentações direcionaram o debate para um lugar de vaidade, acusando o pintor de soberba e até falta de caráter. É sempre interessante ver o movimento de desqualificação de vozes dissonantes, sobretudo quando são vozes de pessoas negras, pela perspectiva moral. Alexandre ainda tensiona essas formas de interpretação relembrando centenas de jovens artistas brancos que, diante de sua atitude crítica ao sistema de arte brasileiro, foram vistos como gênios indomáveis.

Em fala publicada em redes sociais, Maxwell Alexandre pontuou sobre a necessidade de remuneração justa dentro do circuito de aquisição de museus, galerias e projetos gráficos, demonstrando o funcionamento da relação entre investidores, instituições e artistas.

> [...] mano essa parada de artista doar obra pra instituição tem que acabar. Isso não pode servir de barganha pra ganhar residência, pra ser pintado de generoso no rolê. é o nosso trabalho, a gente precisa ser pago. O mesmo absurdo acontece de montão em doações de obras para causas beneficentes, onde o artista doa o trabalho, a instituição faz mediação da obra, que muitas vezes já está abaixo do valor de mercado pra ser um atrativo para colecionador ajudar a causa. que ajuda é essa? o artista tá dando 100 por cento, enquanto o comprador tá adquirindo um objeto de arte com o valor abaixo do mercado e o colecionador ainda sai de benfeitor do bagulho. o correto era pelo menos dobrar o valor da obra, daí sim seria no mínimo uma contribuição do artista e do colecionador da causa.

> quem tem que doar obra são os mecenas, os investidores, e não os artistas, principalmente os menores. desde o início eu sou pressionado a doar meu trabalho. eu sempre tento não fazer e sou visto como ingrato. quando fiz minha exposição no MAR [Museu de Arte do Rio], vi várias relações profissionais ficarem abaladas pelo fato de eu me recusar a doar uma obra pra instituição. queriam me atribuir essa obrigação quase como uma moeda de troca por eu ter feito a solo. a rapaziada acha que tão me fazendo um favor me dando uma individual num museu. [...]

Para além de uma análise binária e servil ao império do mercado galerista de arte contemporânea, não poderia deixar de citar os efeitos críticos que aparecem em todo conflito entre indivíduos e instituições de mercado cultural. Uma semana após a solicitação do artista, Inhotim removeu a obra da exposição e veio a público através de um comunicado[28] em tom conciliatório afirmar seu comprometimento com a *obrigação de refletir e atuar em relação às questões do seu tempo*.

Na contramão, o jornal Folha de S. Paulo noticiou o acontecimento com a seguinte manchete: *Maxwell Alexandre ataca Inhotim e quer obra fora da mostra.*[29]Considerar a atitude de Ma-

---

28 NOTA OFICIAL. *Exposição "Quilombo: vida, problemas e aspirações do negro"*. Brumadinho, Instituto Inhotim, 2 dez. 2022. Disponível em: https://www.inhotim.org.br/nota_oficial_dez_22/. Acesso em: 11 mar. 2024.

29 Maxwell Alexandre ataca Inhotim e quer obra fora da mostra. *Folha de S. Paulo*, São Paulo, 25 nov. 2022. Ilustrada. Disponível em: https://www1.folha.uol.com.br/ilustrada/2022/11/entenda-

xwell Alexandre como um ataque demonstra a irresponsabilidade do jornal e sua tendência à reprodução de ecos vazios originados na história de um mercado artístico em que não se supunham relações inter-raciais e, por conseguinte, conflitos retóricos e ideológicos acerca da presença negra em posições de destaque não eram sublimados à esfera da comunicação pública (porque, ora, vejam!, também não interessavam enquanto notícia-mercadoria).

As argumentações de Maxwell Alexandre foram publicadas ao esgotamento em suas redes sociais, ainda assim o artista foi alvo de inúmeras ofensas inscritas sob a razão canônica das instituições de arte contemporânea brasileiras e sua enorme bondade em permitir que pessoas negras possam vir a ocupar seus salões. A autodefesa de Maxwell Alexandre surge como exaltação de seu valor artístico como sujeito da arte e não mais, nunca mais, como objeto de seus setores exploratórios:

> sou o artista que sou não por capricho ou vontade, mas por propósito. não vi ninguém chegar a uma posição parecida e colocar a carreira em risco a esta altura. com grana e prestígio dos brancos eu não deveria virar as costas para a casa branca e botar tudo a perder.[...] então meu recado final aos brancos colecionadores, mecenas, galeristas, todos que fingem estar do meu lado por hoje eu ter o capital que tenho, seja simbólico ou intelectual, meu cinismo com vocês é espelho. e saibam, ao comprar minha obra não pensem que tão comprando minha cumplicidade e silêncio. minha autonomia crítica não está à venda. [...]

-por-que-artista-negro-ataca-inhotim-e-quer-o-seu-trabalho-fora-do-museu.shtml. Acesso em: 08 mai. 2024.

A poesia como moeda de troca neocolonialista

A localização de Inhotim na cidade de Brumadinho chama a atenção. A cidade é mais famosa por motivos desastrosos do que pela influência da arte contemporânea nos jardins do museu a céu aberto. No início do ano de 2019, o rompimento da barragem da Mina Córrego do Feijão, no ribeirão Ferro-Carvão, causou a morte de aproximadamente duzentas e setenta pessoas, a maior parte delas trabalhadoras da mineradora Vale S.A.

O gravíssimo acidente ocorreu pouco mais de três anos depois do rompimento da Barragem de Rejeitos do Fundão, administrada pela Samarco junto à anglo-australiana BHP Billiton, na cidade de Mariana, também em Minas Gerais.

No ano de 2023, o jornal Estado de Minas noticiou o aporte financeiro inédito de 400 milhões de reais provenientes da Vale S.A para o fortalecimento do setor turístico-cultural em Brumadinho. Segundo Lucas Pessôa, diretor-presidente do Instituto Cultural Inhotim, em entrevista ao periódico:

> [...] R$ 400 milhões é um valor hiperbólico e demonstra compromisso muito significativo, que busca desenvolver a longevidade da instituição. Ele permite que o Inhotim planeje programação constante e contínua, oferecendo programas de formação de alunos e professores da região.

A empresa, no entanto, já é parceira da instituição como apoiadora artística desde o ano de 2008 e o investimento de 400 milhões de reais, previsto como estímulo ao desenvolvimento regional, possibilitará a garantia de gratuidade de um dia (friso: um dia) por semana voltado ao acesso de visitantes que não possam arcar com os valores de ingressos, cujo preço fica entre 25 e 120 reais.

De acordo com o IBGE[30], o salário médio mensal dos trabalhadores formais de Brumadinho é de dois e meio salários mínimos e apenas 30% da população está inserida dentro de grupos de trabalhos formais ou informais. O impacto socioambiental dos rompimentos de barragens ainda é incalculável, mesmo que nas duas cidades tenha havido, segundo o Ministério Público de Minas Gerais, indenizações emergenciais aos principais atingidos pela tragédia.

Em Brumadinho, os rejeitos de mineração de ferro têm alto poder de contaminação a curto e longo prazo nos biomas em que se localizam. Quando esse material semifluido chega em regiões de relevo mais baixo, acaba escoado para os meios hídricos, contaminando-os. O rio Paraopeba teve sua fauna devastada, o que resulta no irreversível comprometimento de todo o conjunto de vida silvestre e de comunidades tradicionais e indígenas localizadas nos beiradões – em Brumadinho, são ao todo vinte e uma comunidades tradicionais e indígenas acompanhadas pelos órgãos competentes.

O escoamento de rejeitos também interfere no abastecimento de água nas áreas urbanas, sobretudo nas regiões menos assistidas. Além disso, os 12 milhões de metros cúbicos de lama contaminada foram responsáveis por uma obstrução do leito e de barragens hidrelétricas nos rios Paraopeba e São Francisco, fomentando para o futuro outros possíveis desastres ambientais.

---

30 IBGE. *Brumadinho:* panorama. Rio de Janeiro: IBGE, 2022. Disponível em: https://cidades.ibge.gov.br/brasil/mg/brumadinho/panorama. Acesso em: 10 abr. 2024.

Na região amazônica, a Vale também possui histórica participação no binômio desastres ambientais/fomento à cultura. Na década de 1980, a corrida nortista pelo ouro marcou para sempre a paisagem da Serra Pelada, no município de Curionópolis no sudeste do Pará, como uma gengiva amarelada e desnuda, o maior garimpo a céu aberto do mundo. No período auge da Serra Pelada, entre 1980 e 1983, a Vale, ainda conhecida como Companhia Vale do Rio Doce, detinha a titularidade de Direito Minerário, mas não explorava o mineral e jamais conseguiu entrar em acordo com os garimpeiros e sindicatos de garimpeiros para liberação da área, por essa razão o Estado brasileiro indenizou a empresa no valor de 60 milhões de dólares.

O Pará é o segundo estado minerador do Brasil de onde a Vale consegue extrair quase metade das 400 milhões de toneladas anuais de minério de ferro. De acordo com o sociólogo Lucio Flávio Pinto, no município de Carajás, sudoeste do estado, hoje encontra-se *a maior reserva de minério de ferro de alto teor do planeta*. A atividade da Vale na região cria retratos assombrosos de desmatamento que em nada se parecem com as belas imagens da diversidade ambiental e social promovida nas festas e eventos culturais da região subsidiados pela empresa. Assim como no caso de Inhotim, a Vale investe recursos para projetos de apoio à arte, à valorização patrimonial e à produção cultural na região amazônica.

O Círio de Nazaré, maior procissão religiosa do Brasil e segunda maior do mundo, é um dos acontecimentos que contam com o suporte econômico do Instituto Cultural Vale há mais de 20 anos. A relação é travada em arenas delicadas, o Círio de Nazaré é uma festa que toca na mais profunda crença do povo nortista: Nossa Senhora de Nazaré, padroeira da região amazônica, uma entidade cristã sincretizada e transformada ao longo dos séculos pela devoção comunitária e dinâmica das procissões e suas homenagens públicas.

O Círio é um patrimônio imaterial não só pelo caráter de culto religioso histórico, mas por toda a opulência cultural promovida ao longo da quadra outubrina, quando as festividades para Nossa Senhora começam a acontecer no estado. Uma programação extensa de peças teatrais, apresentações de dança, performances, cortejos, feiras de artesanato, farta alimentação e ocupação do espaço público ocorre em larguíssima escala.

Para o turismo na região, o Círio é temporada lucrativa, também o pequeno comerciante de brinquedos de miriti consegue fazer seu caixa anual. No meio da procissão, um vendedor de bebidas tem seu melhor desempenho na saída de água mineral, faz muito calor, são mais de dois milhões de pessoas nas ruas de Belém, o sol escaldante invade os poros, não existe espaço entre o eu e o outro na romaria, é tudo uma coisa só, uma coreografia de passos curtos que se desdobram no langor da multidão.

O tempo coletivo é metafísico, exige dedicação à arte do aguardo, comunica-se com a paciência santa de Jó, a um só tempo sacrificiosa e serena. De repente o mar de gente abre espaço para a corda passar, os promesseiros precisam levar a corda para Nossa Senhora de Nazaré, o Círio só acaba quando a corda chega. A corda faz parte da engenharia de traslado da berlinda onde repousa a imagem de Nazaré, é também um instrumento simbólico de honraria e reúne em sua tração os devotos com seus milhares de pedidos ou agradecimentos pelas graças alcançadas. É uma corda milagreira. As pessoas se preparam ao longo do ano todo para tomar posição na grande extensão anelídea, a cobra Boiuna de nossos mitos amazônicos, materializada pelas fibras de malva cultivadas por agricultores de mais de vinte municípios do estado do Pará.

Quem viaja do interior para a capital tem uma longa travessia pela frente, mas tudo é possível quando as intenções são movidas pela fé. Não raro, encontramos no meio da procissão trabalhadores rurais pedindo em prece pelas bênçãos de Nossa Senhora. Muitos deles são empregados das empresas de extrativismo ambiental na região, suas vidas sugadas pelo desenvolvimentismo capitalista não apresentam saídas a não ser pela crença no espiritual.

Ribeirinhos, quilombolas, indígenas, caboclos também pedem que a Mãe D'água da Amazônia proteja suas terras e suas moradas da desumana exploração fundiária. Nazaré ouve seus filhos, mas poderá interceder por eles ou sucumbirá ao assédio dos homens de poder ameaçando-lhe retirar o patrocínio da grande festa?

Para cada desastre ambiental, um projeto cultural de força filantrópica salta aos olhos nas divulgações públicas da Vale. São dezenas de projetos sociais emancipatórios de encher a vista, a salvação popular pela cultura quase nos faz crer que o caráter abstrato das estéticas vividas, aprendidas, intercaladas às sínteses cotidianas, podem vir a se tornar recursos materiais de resolução histórica e acolhimento populacional.

As tentativas de concretização política do caráter inefável da arte e da cultura não obtiveram outras resultantes senão a mercantilização cultural já examinada pelas formulações de Max Weber a propósito do desencantamento de mundo. Para Weber, o distanciamento da sociedade ocidental de suas bases divinas e transcendentais como elemento estruturante de pressupostos ético-políticos gera uma espécie de racionalização utilitarista, alicerçada pelos códigos modernos do capitalismo. O significado disso em termos culturais é a mecanização de artefatos da cultura, cuja experiência é anterior aos sistemas industriais, porque se situa no tempo mítico da fruição.

A disseminação da experiência artística contemporânea pautada por museologias imersivas e humanoides, bem como a promoção de festas de cultura popular instrumentalizadas como paraísos simbólicos de terras condenadas, revelam os eixos obtusos de uma burocracia de Estado que prevê a poesia como contrapartida social da destruição ambiental brasileira.

CARTA A UM ESTUDANTE DE TEATRO
O DIREITO À IMAGEM

Lucas,

Talvez eu me recorde mais a fundo desse episódio que vivemos porque tive uma crise de blefarite há dois meses e só agora estou me curando dela, depois de quatro visitas a oftalmologistas diferentes que disseram todos a mesmíssima coisa: *sua doença é crônica. Não é grave, mas incomoda.*

Blefarite é uma inflamação congênita nas pálpebras acionada por crises de estresse, de alergia, etc.

É muito comum que passemos a pensar no órgão que nos dói, meus olhos durante os últimos dois meses ficaram muito ressecados, vermelhos, e eu sentia diariamente ardência, pontadas no globo ocular e a vista embaçada. Um horror. Sentar diante da tela de um computador para trabalhar era praticamente impossível, assim como fazer coisas simples do meu tempo de lazer como por exemplo ir ao cinema quase vazio e ver um filme pelo qual ninguém se interessa. Em um momento histórico em que os olhos são os maiores operários da cultura, não poder usar plenamente o par que carrego nas órbitas gerou em mim muita angústia e ansiedade.

Ler nas tradicionais páginas de papel não era um problema, então o período agudo da blefarite para mim foi também um período agudo de leitura capaz de me transportar a um estado de atenção o qual eu não experimentava desde a adolescência, quando devorava em poucos dias romances extensos e livros de poesia.

Tive uma professora, uma escritora da cidade de Bragança no Pará, que dizia que eu era uma traça. Falava isso com doçura, elogiando minha avidez pela literatura. Essa professora foi fundamental para que eu mesma quisesse seguir no caminho das palavras, desviando da trilha rançosa do beletrismo, na jornada da própria vida desnuda como uma encruzilhada inescapável da linguagem.

Sabemos, nós dois, eu e você, que as traças não são criaturas amáveis e hoje já não gosto tanto do tal elogio da professora, ainda que reconheça suas boas intenções. As traças destroem livros e roupas, extinguem a materialidade que nos resta depois que a existência humana, em sua transitoriedade cálida, esvanece. As traças exterminam o vestígio de quem somos.

A arte entra aqui. A arte é a projeção de nossa efemeridade, a ausência que perpassa livros e roupas depois que abandonamos a existência tangível.

As artes industrializadas apresentam condições materiais que ultrapassam a cronologia humana, já as artesanais aprofundam o reflexo de nossa curta duração na Terra. O teatro de todas elas apresenta-se a variante artística que mais se irmana à cosmologia da morte, porque é um ato preciso e momentâneo, constitui-se nas tramas do agora e tateia diretamente a concepção filosófica do tempo como o esfarelamento contínuo e irreversível do que somos em relação ao mundo.

Sim, Lucas, é isso mesmo que estou dizendo: quando fazemos teatro estamos pouco a pouco penetrando na ação de morrer. Mas ora, não se assuste, fazer teatro e morrer é como tudo na vida: desde o momento em que somos concebidos como um embrião nossas células embarcam em um processo de evolução chamado envelhecimento. Percebes que até mesmo um bebê recém-nascido ingressa nessa jornada incontornável de amadurecimento para a morte? O teatro, no entanto, demarca no campo da ação a diferença entre a morte biológica e o morrer especulativo – é pelo corpo do intérprete que nós espectadores somos capazes de observar a vida do lado de dentro, à garganta da filosofia, o exercício do pensamento que se dá através da exploração física.

O espectador nunca foi um ser passivo – em que pese a defesa dessa noção como elemento de contraste para o utópico espectador ativo – para mim, toda postura de testemunho é em si uma atitude intelectualmente viva.

Durante muitas décadas, Lucas, certos grupos de artistas teatrais brasileiros, de classes prevalecidas, diga-se de passagem, atribuíram aos espectadores a responsabilidade sobre o entendimento ou o não entendimento do que se apresentava em cena. A arte teatral nesse contexto se tornou um objeto soberano que em sua tradição social de púlpito, apesar das formalizações experimentais, severamente transmitia uma ideia para o público incumbido do dever, dentre o sem número de possibilidades interpretativas de um acontecimento artístico, de concordar ou discordar dela.

A expectativa binária em relação à potência de fruição do espectador consolidou o velho preconceito de que peças boas são aquelas que fazem o público pensar. Eu te pergunto, Lucas, que peça não faz o público pensar? Qual experiência é neutra na imersão estética? Podemos aqui discutir a respeito de temas abordados e das tentativas de superficialização da cena comercial e da indústria do entretenimento, mas isso não deve submeter o espectador a uma essencialização prévia. Vês o problema? Quando responsabilizamos o espectador em sua concepção individual e coletiva isentamo-nos de pensar quais os modelos de produção e de escopo ideológico envolvidos na experiência teatral são capazes de definir materialmente o diálogo com o público.

A palavra teatro, como você deve saber, vem do grego *theatron* e significa *lugar de onde se vê ou lugar para se ver*. Não te parece interessante que a definição ocidental da linguagem teatral seja atrelada à ocupação da plateia e não precisamente do palco? Estamos falando aqui de uma contextura em que o evento teatral se origina em celebrações religiosas, homenagens baseadas no tempo mítico em que deuses ainda detinham o poder de legislar sobre a trajetória humana no intermundo dos mortais e das imortais deidades.

Podemos também saborear a desconstrução da ideia de palco como um espaço apartado e privilegiado, distanciando-o da concepção de objeto a ser visto em um espetáculo teatral: o palco também pode vir a ser um *lugar de onde se vê*. Quero dizer com isso que é importante da posição do palco o artista enxergar o público e dessa maneira conceber identidades possíveis para a sua interlocução. Não se trata de individualizar as pessoas que se detêm em uma experiência estética ao modo de uma visão neoliberalizante e em absoluto focada no famigerado público-alvo, mas verter uma dose de imaginação sobre aquele que vai ao encontro do artista, em sua virtualidade precoce e necessária.

Durante muitos anos, Lucas, quando eu escrevia em um jornal de minha cidade, eu me sentia apaixonada por um leitor em especial, uma pessoa a quem eu admirava e que eu sabia que lia minhas crônicas. Essa paixão tem menos a ver com alguma síndrome romântica, senão por alguns aspectos de um imaginário desejante, do que pela pulsão vital que me movia a escrever semanalmente orientada por um destinatário.

Ter por alvo o leitor, ainda que difusamente e sem nenhuma resposta (afinal, era um jornal em formato impresso e não uma plataforma virtual onde o leitor estava habilitado a se comunicar imediatamente comigo), virou ao longo de anos um combustível que me nutria em minha solidão diante da página em branco.

Eu era uma amante em meu ato de escrita. Estava envolvida pela conexão que aquela pessoa em especial podia tecer entre mim e tantas outras, porque esse homem pelo qual estive apaixonada, ou essa ideia pela qual estive apaixonada, era uma ponte inefável que me conectava aos leitores desconhecidos, aqueles que também recebiam minhas confissões e diatribes.

A inconcretude de todo o episódio faz dele mais ardiloso e interessante. Esse homem-leitor pelo qual eu, mulher-escritora, estive apaixonada era um espelho insuspeito. Ele nunca soube de minha paixão (ou terá sabido depois de ler algumas crônicas em que eu dizia sem dizê-lo?).

Era um artista conhecido de minha cidade e um dia o meu editor comentou: *você gosta de ciclano? Ele é seu leitor e vive fazendo mil elogios aos teus escritos.* Aquilo mexeu comigo, fui tomada por um orgulho estranho que não parecia ser parte de mim, mas uma outra figura à minha imagem e semelhança que se envaidecia por ser a escritora que o artista elogiava.

Então, não se passaram nem duas semanas e eu tive um sonho em que eu e o artista fazíamos amor. Daquele sonho extraí material dramático considerável de uma crônica que publiquei na semana seguinte. Nesse jogo de desejos e frustrações, eu mergulhei e tentei caçar daí a habilidade de conduzir uma trajetória estilística, isso é, fazer da escrita uma ambição erótica entre desconhecidos.

E cá estamos nós, aqui, conversando em meio a tantos outros desconhecidos, igualmente apaixonados, e eu penso em você enquanto escrevo sem, todavia, perder a consciência de que outras pessoas nos lerão. Formar-se-á uma comunhão anônima de intérpretes dessas ideias, mobilizados por seu poder de irrigação intelectual aqui onde cavarei fendas no texto, entrelinhas, lacunas, túneis, sepulturas.

[Uma pausa aqui, Lucas. Uma pausa curta, de semicolcheia. Vamos acampar um pouco aqui nesse topo, sob o céu estrelado da noite em que sonhei com aquele homem, aquele artista, aquela figura que tinha ideias interessantes, as quais eu admirava tão profundamente, quase como se me colocasse em uma posição de inveja. Percebamos que eu falei anteriormente do sonho como um acontecimento romântico, *fazíamos amor* eu disse, éramos dois amantes frutos de uma intimidade secular.

O reconhecimento mútuo desses corpos indicava uma história, uma reminiscência, não éramos estranhos apesar de o sermos. Nunca fui apresentada pessoalmente ao meu leitor enamorado (antes disso fui censurada no jornal, o que me levou a um completo afastamento daquelas páginas semanais onde eu havia publicado crônicas ao longo de dez anos). Nosso contato de pele, sexo e ar ofegante dava-se fisiologicamente a partir de mim mesma, por meio dessa malha orgânica complexa a qual chamamos *Eros* e que naquela noite correspondia ao prazer em sua expressão física, nas umidades das reentrâncias corporais, no desatino das cavernas insondáveis. Você sabia, Lucas, que quando sonhamos algo há uma parte psíquica que reserva o entendimento do sonho a um lugar perceptivelmente abstrato e por isso mesmo racional, mas há outra parte de nós, neurofisiológica, que de fato vive a experiência. Em algum lugar de meu corpo insiste uma ideia de realização da paixão, o sonho da escritora-mulher e seu amante (ou sua amante, posto que o gênero na irradiação onírica se converte em pura energia), o encontro físico dessas duas almas de fato terá ocorrido em mim e aqui está, aqui perdura, como artefato inesquecível.]

Desejar o que não se conhece é enveredar-se pelo gozo do que se supõe. Eu imagino o meu amante, nada sei dele em completude (como nada sei de pessoa alguma, pois ninguém é uma totalidade passível de ser testemunhada a olhos nus) e preencho-o com as vigas que sustentam a minha sede, precipitadas pela mistura entre o suor e o sonho.

Sempre tive uma tendência platônica na lida com as paixões vividas ou não. Esse fato nunca me ocorreu como um problema a ser resolvido, eu o aceito: afundo-me, bato as pernas orientando meu nado à direção de zonas abissais, sinto meus órgãos internos apertados, meus pulmões sofrem contração, meu coração bate a cada segundo mais lento, a paixão é um morrer de si.

Acostumei-me a sonhar de olhos abertos, em momentos corriqueiros, na entressafra de trabalhos que me dilaceravam. Não fosse desse modo, não sei o que seria de mim.

A grande mácula do nosso tempo, salvo as questões materiais de desigualdade e injustiça – essas prioritárias por natureza –, é a crise da imaginação. Hoje, possuímos centenas de dispositivos que estimulam visualidades, sonoridades e discursos estético-políticos, entretanto, andamos carentes de poder imaginativo. Mas o erótico prescinde da maçã do capital. O erótico está em nós, em todo corpo que germina debaixo de um teto ou sob as intempéries de um dia frio. O erótico que constitui substancialmente o poder imaginativo pode estar adormecido, jamais morto. Como um urso que hiberna, o erótico ressurge da neve que derrete quando chega o verão - é esse o ciclo que os poetas devem aproveitar quando percebem em suas entranhas o calor do renascimento.

Poeta somos todos nós, Lucas. A semente da poesia é democrática e ela também nos foi subtraída pelas classes dominantes, é urgente reavê-la.

O ano que saí do jornal foi de verdade complicado. Na mesma medida em que eu estava circulando bastante com meu primeiro livro, me vi esmagada pelas dimensões políticas que implicam a produção de uma escritora como eu – em tempo, quando digo *como eu* não me refiro a um sentido de exaltação individual, mas de observação crítica dos aspectos sociais e raciais que me identificam.

Quando em algum momento de minha trajetória, como alguém que amava livros, eu ousei pensar em me tornar escritora a ideia soou inteligente inclusive para o apaziguamento daquela terrível condição que me envolvia como uma marca de personalidade: a timidez. É honesto, sou uma pessoa extremamente tímida. Penso um milhão de vezes antes de levantar minha voz para construir uma reflexão em público. Por dentro sinto minha carne vermelhecer.

Escrever um livro seria a salvação artística de minha recusa à exposição social. Eu seria vista pelas palavras e isso resolveria o problema do mal-estar em grupo que se iniciou no período da adolescência, desconfio, quando em uma situação escolar fui apelidada de *neguinha fedorenta*.

Eu era só uma garota introvertida, bolsista em uma escola particular no centro de Belém do Pará. Não preciso nem comentar sobre quão grave pode ser esse tipo de perseguição racista no período escolar. Ao longo de mais de cinco anos minha única obstinação no Colégio Moderno era não ser notada, diferente de minha melhor amiga, outra garota negra que também sem muita escolha seguiu pelo caminho que lhe restava dentro das cartilhas previsíveis do racismo. Hipersexualizada, M desde cedo foi alvo das ofensas misóginas – seu corpo torneado e grande, seu comportamento expansivo, eram verdadeiros incômodos para a legião de machos estudantes.

Não se debatia, M beijava os meninos do terceiro ano nos banheiros semiclandestinos do último andar, fazia aventuras precoces e me contava em detalhes sem que nenhum comentário meu que pudesse soar moralista interditasse seu espírito curioso e ousado. É verdade que às vezes alfinetava suas atitudes com palavras pesadas aprendidas em minha formação cristã da Igreja adventista, mas minha intenção era fiel ao contexto adolescente em que eu me encontrava: enquanto M chamava demasiada atenção para si, eu apenas queria que as pessoas me ignorassem, isso tornava a relação de nossos interesses bastante difícil. Andar com M era sempre estar angulada, por tabela, pela *visibilidade*.

Com o tempo, M separou as atividades, ia namorar na companhia de N (uma menina branca que logo ficou minha amiga também) e passou a me oferecer somente o melhor das conversas bem-humoradas sobre teatro, música e poesia. Para M, eu não tinha sexualidade (mais tarde ela ficaria sabendo por uma confissão minha que os rapazes não me interessavam e que na verdade eu tinha tesão mesmo era em mulheres mais velhas.).

M para mim se fazia um turbilhão, acho que naquela época era a pessoa mais corajosa que eu conhecia.

Ela e N armaram duas especiais vinganças que, hoje em dia, seriam consideradas atitudes empoderadas e feministas: a primeira foi roubar a cueca de um ficante que havia espalhado para todos na escola sobre uma tarde de amassos e vesti-la na hora do recreio sobre o uniforme – um uniforme de combinação péssima das cores marrom-fezes e bege-claro-do-tipo-espinha-com-pus.

Foi um abalo naquele pequeno pátio escolar onde tomávamos nosso banho de sol de curta duração. O rapaz, dono da cueca, ficou consternado enquanto M se exibia, fazendo movimentos pélvicos para frente e para trás. No rosto dela uma careta grotesca, bufônica, dessas que M treinava ao esgotamento diante do espelho ou nas aulas de teatro.

Naquele ano, especialmente, ela ensaiava uma peça sobre figuras fantásticas da cidade e interpretava uma personagem chamada Dama da Noite. Não havia uma mulher que M não olhasse na rua que não a lembrasse virtualmente do que poderia ser a Dama da Noite.

Sua intenção, como atriz em formação, era assimilar uma parcela substancial de cada uma das passantes do cotidiano, queria fragmentos das moradoras de rua, das babás das tacacazeiras, das vendedoras de banho-de-cheiro. Seu estudo físico e constante era um método de colecionadora, M capturava todas as mulheres que lhe interessavam e tentava vesti-las em suas medidas frouxas e apertadas, seus corpos gordos, magros, gasosos e infiltrados de remédios para a pressão.

Todas as mulheres cabiam em M, todas, e foram todas elas que constituíram – tijolo por tijolo – M naquela manhã quando exibiu a roupa de baixo do rapazote que havia divulgado maledicências a seu respeito. Como os heróis cafonas dos Estados Unidos, M parecia trajar um super-uniforme (as cuecas para fora das calças, um clássico) e em meu coração de treze anos ela era dona de invencíveis superpoderes.

A segunda vingança foi ainda mais desafiadora para o meu atual senso adulto de quase quarenta anos, mas vou contar porque também me marcou, menos pela escatologia do episódio, mais pelo tino valente de minhas companheiras.

A situação piorou. Os rapazes passaram a falar mais delas, M e N não podiam ter nenhum envolvimento com ninguém que já se tornavam o assunto da escola. Era um terror, um verdadeiro espetáculo de injúrias aquiescido pela zona eticamente amorfa de uma escola onde faltavam recursos pedagógicos que ensinassem à comunidade de estudantes que mulheres novas têm tanto direito ao usufruto da própria sexualidade quanto qualquer garoto.

Diante do quadro agudo de fofoca, M e N enviaram um presente para o seu caluniador, uma caixa sarapintada, adornada e por fora recoberta pelo mais doce perfume feminino d'O Boticário. Ao abrir a caixa, entretanto, o jovem machista encontrou um belo pedaço de merda – o que se tornou uma astuciosa metáfora para o comportamento daquele espécime principiante de homem que já demonstrava habilidade na lição masculina ancestral de não respeitar as mulheres.

A *duração no corte*

Foi M que me defendeu quando passei a ser vítima de racismo no Colégio Moderno. Suas reações tinham um significado importante e faziam com que eu não me sentisse sozinha.

Uma professora, a mais engraçada e querida professora de geografia da sétima série, fez um comentário de humor racista sobre mim depois que algum estudante revelou o meu apelido *(Ne-gui-nha Fe-do-ren-ta)*. A situação ficou insustentável, a atitude da professora concedeu autorização para que as pessoas criassem mais e mais formas de tratorar minha humanidade.

M ficou indignada, não discutíamos o assunto, apenas agíamos. Toda oportunidade era motivo para falarmos mal de nossa inimiga, até o dia em que não foi suficiente apenas destilar pela voz nossas palavras chulas. Decidimos juntas registrar na superfície do espelho do banheiro feminino um xingamento contra a professora:

A PROFESSORA DE GEOGRAFIA É UMA PUTA.

O final da história você já deve supor. Fui submetida a uma tortura psicológica camuflada de iniciativa educacional na sala da coordenação onde me puseram diante da professora para que eu me retratasse e reconhecesse haver imaginado a situação que me levara a escrever no espelho. Era final dos anos 1990, a naturalização do racismo, do machismo e das violências escolares cadenciava um processo amplo de verticalização das desigualdades sociais em seu teor material e subjetivo.

Naquela época eu também elaborava vinganças contra os meus detratores. Perdia tempo em pensamentos abstrusos, mapeando táticas e formulações que julgava inteligentes. Projetava um futuro em que eu me tornaria famosa e daria entrevistas sobre minha assombrosa aventura no ensino fundamental do Colégio Moderno, passando a limpo todas as ofensas que me relegaram a um buraco frio e apertado, minha timidez artificialmente erigida pela discriminação e insensibilidade de gente jovem, de professores, de coordenadores, de psicólogos escolares. Aqui jaz uma pergunta que nunca ganhará resposta: *quem era eu antes da violência?*

Quando me tornasse uma escritora famosa, ao responder à pergunta de algum repórter, diria que me chamavam de *fedorenta* na escola e completaria a frase com: *Agora são eles que fedem.*

Foi a melhor construção que eu consegui fazer, uma síntese com muito efeito, uma frase forte. Sairia em todas as manchetes. Eu seria fotografada em meu gabinete de escritora, sobre uma cadeira de escritora, utilizando um par de óculos de escritora, com uma expressão de escritora, com o corpo de uma escritora, até que finalmente sendo escritora eu me tornaria uma personalidade despida de mim, anti-eu, anti-traça, *escritoras são brancas e não fedem.*

[Nossas convicções também são traiçoeiras.]

Com o passar dos anos, essas memórias se apresentaram luminescências frágeis. O amadurecimento dissipa os traumas.

Eu e M nos afastamos depois que ela ganhou o primeiro filho. Nunca tornei pública a frase que tanto ensaiei na juventude, decidi apenas guardá-la em uma gaveta de histórias jamais mencionadas. A vergonha que o episódio produzia em mim demorou mais de vinte anos para se desfazer, pois, afinal, estamos falando da completa erosão de minha autoestima e equilíbrio emocional.

A distância que se estabeleceu entre mim e minha melhor amiga poderia ser definida por aquele turno de ensimesmamento dos poetas, quando já não se sentem satisfeitos com o convívio social e se enclausuram em lugares afastados, para enxergar de um outro ponto de vista a verdade de sua comunidade. Vejo M daqui, tão longe, e a desconheço. Quais são suas vontades, seus sonhos, seus objetivos de vida... Não sei...

Não sei que creme para cabelos usa, não sei se está casada, se está solteira, não sei se é feliz, não sei se é triste, não sei se ainda gosta de ouvir as músicas d'A Euterpia, se ainda imita a Marisa Monte quando tenta alcançar notas mais agudas, se ainda se preocupa tanto em emagrecer, se seu doce predileto ainda é paçoca, se ela se vê como uma mulher negra ou se consegue mesmo acreditar na brancura da base para pele à qual habituo-se depois que passou a trabalhar com a própria imagem.

Agora já não faz mais diferença. Agora já são décadas sem trocar uma palavra.

De repente, uma sexta-feira em que nos despedimos na esquina que bifurcava nossos caminhos no retorno da escola para casa – ela morava à direita e eu à esquerda – deixou de ser um mero dia no calendário e se tornou um instantâneo a ser lembrado. Nós nos despedimos em um aceno e não houve o dia seguinte, o que houve foram vinte anos depois que alcançaram o dia de hoje. Enquanto escrevo essas palavras, o passado e o presente se amalgamam como elementos substanciais para a vida na Terra.

Algo de nós com certeza ficou ali – vinte anos atrás - para sempre, àquela esquina, tomando a chuva de hora marcada do inverno amazônico. Algo de nós permanece nas calças marrons molhadas do uniforme, na alegria do chapisco nas poças d'água, em nossas gargalhadas em timbres meninos, em nossos olhares cúmplices enquanto cada uma tomava o próprio caminho, longe da sala de aula, graças a deus, longe da sala de aula.

Dizer *àquela esquina* é o mesmo que metabolizar o tempo de um afastamento inexplicável, a linguagem é a única tecnologia capaz de costurar a complexa relação entre espaço e temporalidade, é a memória sua força-motriz.

No livro *Duração e simultaneidade: a propósito da teoria de Einstein* [31], o filósofo Henri Bergson elabora formulações a propósito do conceito de *duração* como um trânsito de sucessivos afluxos virtualmente concebidos, isso quer dizer que o presente se faz da própria memória em sua continuidade temporal, uma vez que a percepção das noções e fisicalidades do agora se dão a partir das experiências que armazenamos como repertório linguístico, emocional, psíquico e social.

Bergson desenha uma bela imagem para expor a natureza indivisível da *duração* em sua expressão subjetiva. Ele nos diz que a consciência dessa duração interior se parece com o efeito vivido quando escutamos uma melodia, a sucessão de notas incorpora-se a uma experiência estética que soa como uma totalidade, mas que na verdade é uma unidade feita de pedaços.

É impossível realizar um corte lógico entre o que é memória e o que é vivência presente, as duas noções se fundem na própria instabilidade de nossa consciência. De acordo com Bergson, quando tentamos fazer a clivagem entre memória e vivência presente *é como se passássemos bruscamente uma lâmina através de uma chama: dividimos apenas o espaço ocupado por ela*.

O retrato da *lâmina cortando a chama*, sua inoperância no mundo objetivo mesclada a sua faculdade simbólica (a poesia não existe sem o concreto armado, Lucas), acende luminosidade ao companheirismo que tive o privilégio de experimentar ao lado de M.

---

31 BERGSON, Henri. *Duração e simultaneidade:* a propósito da teoria de Einstein. São Paulo: Martins Fontes, 2006.

A força de nossa amizade e as aventuras enfrentadas precipitam uma neblina onde me embrenho. Essa neblina é o devaneio. Percorrer os túneis da memória significa entregar-se ao desinteressado e prazeroso ato de sonhar.

Sonho M, nesse instante. A chama é o meu coração, a lâmina não é capaz de parti-lo, mas incide sobre sua matéria lembrando-lhe que toda musculatura e todo sangue fazem parte de um órgão que produz o núcleo contínuo da vida no corpo e que, por isso mesmo, também produz dor.

Eu e M não sabíamos do futuro, não sabíamos que para nós ele reservava esse estado de indiferença perene, não podíamos desconfiar que viríamos a ser, uma para a outra, completas desconhecidas.

O amor que cultivávamos em nossa amizade afirmava outra coisa, mas o amor também erra.

Eu disse tantas vezes a M, *eu te amo, minha amiga*, e ao escrever aqui essas palavras é como se ainda estivesse a dizer: *eu te amo, minha amiga*, minha amiga de treze anos, livre, com seus superpoderes, corajosa, eu te amo, eu te amo, minha amiga, M, inadvertidamente responsável por eu não ter cometido suicídio conforme tantas vezes planejei naqueles tempos de escola.

Antessala da solidão

Aos trinta e dois anos eu me deparei com esse poema, que me foi enviado em mensagem de texto por um querido amigo, ali ele dizia: *você precisa ler Ricardo Aleixo*.

Conheço Vocês Pelo Cheiro[32]

Conheço vocês
pelo cheiro,
pelas roupas,
pelos carros,
pelos anéis e,
é claro,
por seu amor
ao dinheiro.

Por seu amor
ao dinheiro
que algum
ancestral remoto
lhes deixou
como herança.
Conheço vocês
pelo cheiro.
Conheço vocês
pelo cheiro
e pelos cifrões
que adornam
esses olhos que
mal piscam
por seu amor
ao dinheiro.

32 ALEIXO, Ricardo. *Pesado demais para a ventania:* antologia poética. São Paulo: Editora Todavia, 2018.

Por seu amor
ao dinheiro
e a tudo que
nega a vida:
o hospício, a
cela, a fronteira.
Conheço vocês
pelo cheiro.

Conheço vocês
pelo cheiro
de peste e horror
que espalham
por onde andam
– conheço-os
por seu amor
ao dinheiro.

Por seu amor
ao dinheiro,
deus é um
pai tão sacana
que cobra por
seus milagres.
Conheço vocês
pelo cheiro.

Conheço vocês
pelo cheiro
mal disfarçado
de enxofre
que gruda em

tudo que tocam
por seu amor
ao dinheiro.

Por seu amor
ao dinheiro,
é com ódio
que replicam
ao riso, ao gozo,
à poesia.
Conheço vocês
pelo cheiro.

Conheço vocês
pelo cheiro.
Cheiro um e
cheirei todos
vocês que só
sobrevivem
por seu amor
ao dinheiro.

Por seu amor
ao dinheiro,
fazem até das
próprias filhas
moeda forte,
ouro puro.
Conheço vocês
pelo cheiro.

Conheço vocês
pelo cheiro
de cadáver
putrefato que,
no entanto,
ainda caminha
por seu amor
ao dinheiro.

Foi uma surpresa me comunicar com o poema. Da primeira vez ele provocou em mim uma estranha forma de acesso à dignidade em face de minha narrativa particular. O *cheiro* aqui exposto por Aleixo é sintoma do mal maior, aquele que se traduz no extermínio de corpos como o meu, como o seu, como os corpos de nossas mães e irmãs. As palavras de Aleixo têm uma contextura mais afiada do que qualquer elocução que eu tenha estruturado como direito de resposta aos abusos aos quais fui submetida como estudante do Colégio Moderno.

Foi ao ler esse poema, e depois ao ouvi-lo entoado pelo próprio autor, que me dei conta de que a noção de *vingança*, a qual tantas vezes citei até esse ponto da nossa conversa, é vazia como ação na realidade, ao passo que o *justiçamento*, a busca pela reação em *legítima defesa*, pode armazenar em seu caráter dissidente e coletivo a expressão de um sujeito histórico para além de si mesmo.

O poema que eu leio e que fala de mim é ferramenta de expansão, ele alarga minha percepção sobre a experiência vivida, arrancando-me da solidão de um passado sem nome, sombrio, no qual estive imersa – ainda menina, ora se não – completamente desprovida de proteção.

O que encontro em *Conheço Vocês Pelo Cheiro* é a identificação semântica que poderia me ser incômoda, em virtude de minha história com os significados do *cheiro* e toda a estrutura da invenção brasileira, arraigada em sua tradição racista, na qual o corpo negro/indígena é deliberadamente associado à falta de higiene, de beleza e de elegância, mas floresce em uma atitude de inversão e readmissão dos fatos tais como se apresentam na realidade material: o *cheiro mal disfarçado de enxofre*, o aroma da podridão, não reflete a presença de um corpo negro/indígena, mas daquele corpo cuja relação com o mundo se dá, sobretudo, pelo *amor ao dinheiro/ e a tudo que/ nega a vida:/ o hospício, a cela, a fronteira.* – É preciso racializar esse *ente apodrecido* enquanto um produto humano não somente identificável como fruto do capitalismo, mas da própria branquitude.

A branquitude como conceito. A branquitude como modelo de exclusão. A branquitude como fórmula de tortura anatômica e mental. A branquitude como método.

A história da cultura literária no Brasil, mesmo em suas vertentes jornalísticas, continuamente estabeleceu formas de detração da pessoa negra a partir de seus aspectos corporais, políticos e espirituais.

O livro *Raízes do Riso*[33], de Elias Thomé Saliba, nos apresenta material histórico importante a propósito da questão: no ano de 1912, momento de acirramentos decorrentes da disputa presidencial, é publicado na revista *O Pirralho* um poema-paródia escrito por Bastos Tigre que alveja o Marechal

33 SALIBA, Elias Thomé. *Raízes do Riso:* a representação humorística na história brasileira da Belle Époque aos primeiros tempos do rádio. São Paulo: Companhia das Letras, 2012.

José Gomes Pinheiro Machado, um político negro apoiador do presidente Nilo Peçanha. O material diz o seguinte:

A que cheira o Marechal?

De dar resposta a tal pergunta trato
E passo, no Catete, ao lusco-fusco;
Espichando o nariz, apuro o olfato,
E o perfume aspirar, atento busco

Qual é a do presidente o aroma exato?
Julgo sentir um cheiro do molusco,
Mas logo penso: vem do mar; e é fato;
Vem do mar que se agita irado e brusco.

Mas traz-me enfim, a brisa vaporosa
Um cheiro, misto de doçura e travo;
E hoje posso afirmar, em verso ou em prosa:

Não é de lírio, de jasmim ou cravo,
Tampouco cheira o Marechal a rosa,
Mas a resina de pinheiro bravo.[34]

Sob registro cômico, Bastos Tigre associa o Marechal, com o qual tinha discordâncias políticas, a um quadro de odores. Quando arremata que o Marechal cheira *a resina de pinheiro bravo* conduz o enfoque para a cor parda do homem vilipendiado. A correlação entre cheiros e racialidade é explícita, ainda que o poema-paródia de Tigre indique certa economia no uso

34 *Ibidem.*

de referencialidades objetivas, criando o que Saliba chama de *alusão oblíqua em lugar do ataque frontal.*[35]

Em nosso país, cujas tensões primordiais nascem da tragédia racial da escravidão, parece cínica a atitude de isolar o narrador, o famigerado *eu-lírico*, em uma posição de neutralidade. A complexa agonística racial brasileira, na qual reside uma correlação de múltiplas existências étnico-raciais (indígenas aldeados, indígenas citadinos, caboclos, ribeirinhos, quilombolas, negros retintos, negros de pele clara, etc.), em seu movimento de deleção política do testemunho da oralidade e da voz do corpo indesejado, produziu artimanhas estéticas e sociais que protegeram o autor branco da verdade histórica de sua racialidade como mecanismo pré-jurídico de mediação social.

O poema de Ricardo Aleixo, e também diria que toda sua larga produção *verbivocovisual*, é agente perturbador do *status quo* colonialista da própria poesia brasileira.

Aleixo costuma dizer que escrever é *escavar o ar, com a ferramenta sempre acima da cabeça*[36], parece mesmo que essa escavação, a qual nos surpreende e entusiasma em direção pouco provável, desvela um território que se faz contrastivo aos terrenos normativos da escrita. A arqueologia do vento formulada por Ricardo Aleixo pode nos servir de ignição poética e política para o reinvento da própria História brasileira como espaço *intermídia* – conceito também evocado por Aleixo em sua longa trajetória como autor e performer – onde o corpo negro, um *corpomídia*, enseja experiências complexas de uma narrativa própria, plural e autônoma.

---

35 *Ibidem.*

36 ALEIXO, Ricardo. *Pesado demais para a ventania:* antologia poética. São Paulo: Editora Todavia, 2018.

O que as pessoas lidas como brancas que hoje se dedicam a pensar as questões raciais têm dificuldade de entender são justamente as acepções no campo simbólico e filosófico do que é *ser negro* no Brasil. Falo isso com atenção e cuidado, por observar que em grande parte das vezes nas quais pessoas lidas como brancas se dispõem a discutir o assunto do racismo, a abordagem fica limitada ao exercício de uma retórica vazia de direcionamento prático e de densidade especulativa. Afirmar-se *não tão branco* para escapar do lugar social do *racista* é uma atitude escorregadia e desprovida de futuros.

Ser negro no Brasil não deve se resumir apenas a um gesto de autodeclaração, sobretudo para pessoas negras de pele clara. É importante comprometimento ideológico, psíquico, poético, com a produção de uma arquitetura de convívio social cujos alicerces não devem remontar o *mito da democracia racial* – essa fraude sociológica –, mas os parâmetros de uma *ética racial* através da qual torne-se possível a elaboração de dispositivos de saneamento histórico pelos quais a pessoa negra e indígena esteja posicionada como centro irradiador das acepções legais, políticas e poéticas de humanidade e de cidadania.

O documentário A *Negação do Brasil*[37] do cineasta e professor Joel Zito Araújo é uma referência importante à observação de como a indústria cultural brasileira, em sua modalidade televisiva, cultivou o racismo no imaginário popular como arcabouço de entretenimento e abstração recreativa. Ao localizar

37 A NEGAÇÃO do Brasil. Direção: Joel Zito Araújo. Produção: Joel Zito Araújo e Luiz Antonio Pilar. Roteiro: Joel Zito Araújo. 2000. (92 min.)

os estereótipos negros explorados pela televisão brasileira, Joel Zito descortina um conjunto de repetições estigmatizantes de personagens negros que, por sua vez, correspondem à mobilização igualmente perversa de sistemas de trabalho precarizantes e competitivos para e entre seus intérpretes.

Capatazes, empregados, criminosos, mordomos, alcoólatras, mulatas hiperssexualizadas, pretas cuidadoras, pretas raivosas, mulheres barraqueiras, caboclas emburrecidas, indígenas que se comunicam por grunhidos e monossílabos, nordestinos patéticos, gays ridículos, travestis briguentas são algumas das personagens ficcionais historicamente tornadas públicas através de telenovelas e programas de televisão.

No livro de João Carlos Rodrigues, O *negro brasileiro e o cinema*[38], encontramos uma análise de arquétipos e caricaturas que se situam além do universo cinematográfico, demarcando também o território de pesquisa de Joel Zito, as telenovelas.

A *folclorização* de elementos da cultura negra e indígena sobretudo na primeira metade do século XX contribuiu para a fixação de topografias não-brancas em um ambiente estanque de significantes e de alegorias. Para Rodrigues, muitas dessas compreensões sobre as imagéticas negras advêm da imaginação branca cultivada por processos históricos envolvendo brancos e negros. Em sociedades oriundas da dominação racial e exploração compulsória da terra como na *plantation de cana, café ou algodão, como no Sul dos Estados Unidos ou Cuba*, a identidade negra antes de tudo foi forjada pelas necessidades e consequências simbólicas do discurso dominante.

---

38 RODRIGUES, João Carlos. O *negro brasileiro e o cinema*. Rio de Janeiro: Pallas, 2006.

A *Mãe Preta*, por exemplo, é um arquétipo originado na *sociedade escravocrata brasileira, na qual era comum o filho do sinhô branco ser amamentado por uma escrava negra. A Mãe Preta foi muito celebrada em poemas sentimentais, sendo costumeiramente apresentada como sofredora e conformada, o que a aproxima dos Pretos Velhos.*

Devotamente envolvida em sua tarefa de cuidadora do lar, a Mãe Preta não apresenta uma autoconsciência crítica, ela até sabe que sua condição racial é atrelada à função exercida no lar da família branca, mas não percebe ou não comenta o fato, entende-o como uma prescrição da vida tal como é, um destino traçado e (talvez) merecido. A Mãe Preta cuida dos filhos dos patrões e cria laços, os filhos dos patrões são como filhos de criação da Mãe Preta. Para eles, na infância, essa Mãe Preta também é digna de um afeto que, com o passar dos anos, pulveriza-se nas diferenças ampliadas à medida que se amplia também sua inserção no contexto adulto e nas teias de consentimento e ascensão social privilegiados. Não raro, a Mãe PRETA se torna educadora e ama de diferentes gerações em uma mesma família.

Um filme recente que ensaia, sem êxito, a subversão da figura da Mãe Preta é o longa de Anna Muylaert, *Que Horas Ela Volta?*[39], lançado em 2015. Na história, a personagem Val interpretada por Regina Casé, uma empregada doméstica nordestina, é conclamada à transformação da própria visão de mundo face à condescendência perversa dos patrões brancos e

---

39 *Que Horas Ela Volta?* Direção: Anna Muylaert. Produção: Fabiano Gullane, Caio Gullane, Débora Ivanov e Anna Muylaert. Roteiro: Anna Muylaert. São Paulo: África Filmes e Globo Filmes, 2015. (114 min.), color.

sudestinos. É Jéssica (papel de Camila Márdila), filha de Val, que abre os olhos da mãe para os horizontes de um tempo a se modificar.

Cabe ressaltar, no entanto, que o vínculo entre as personagens difunde um embranquecimento da questão: Jéssica é lida como branca enquanto a mãe, Val, é uma mulher negra de pele clara e cabelos lisos. A herança, talvez incidental, da miscigenação gera discursos desracializantes e associados ao *mito da democracia racial*, corroborados inclusive por uma terceira figura, outra empregada da família: Edna, interpretada por Helena Albegaria.

Edna é um suporte dialógico para Val, sua presença compõe um quadro dramático em que os espectadores conseguem se confrontar com a subjetividade de Val a partir de uma relação, em tese, sem hierarquizações ou conflitos. Quando Val se remete à patroa – interpretada por Karine Telles – incorpora uma postura submissa e diligente, quando Val se relaciona com a própria filha, por sua vez, apresenta-se quase inflexível e irritadiça. Com Edna, no entanto, Val se sente à vontade para expressar ideias, preocupações e entendimentos. Edna é branca, tão branca quanto Jéssica e quanto a patroa, mas esse fator é descartado como marcador da diferença, posto que a cumplicidade entre Val e Edna é imperiosamente sugerida como uma aproximação de vivências de classe.

A despeito da importância de *Que Horas Ela Volta?* para a discussão sobre as condições do trabalho doméstico no Brasil e da inserção da classe trabalhadora nas universidades públicas – o marco de transformação no longa: Jéssica passa na primeira fase do vestibular para o curso de arquitetura da Universidade de São Paulo, movendo esperanças para seu pequeno núcleo familiar – o filme se esquiva do tema racial, insinuando em chave realista que, no Brasil dos anos 2000 já não importa se o trabalho doméstico remunerado é feito por mulheres negras ou por mulheres brancas, o que está em jogo em *Que Horas Ela Volta?* prioritariamente é o tema da expropriação econômica e de gênero.

O risco dessa concepção estético-ideológica é justamente o apagamento da própria realidade racial, política e material do contexto do trabalho doméstico no Brasil. Segundo pesquisa da Agência Brasil feita no ano de 2022, *mulheres representam 92% das pessoas ocupadas no trabalho doméstico no Brasil, das quais 65% são negras. Além disso, a maioria está acima dos 40 anos e tem renda média inferior a um salário mínimo.*[40]

No ano de 2021, em plena crise sanitária global do coronavírus, fomos surpreendidos com a notícia[41] do resgate de uma mulher mantida sob cárcere privado durante quase quarenta anos. Madalena Gordiano viveu durante esse período em *condições de trabalho análogo à escravidão* ou em situação de *escravidão contemporânea*.

---

40 VILELA, Pedro Rafael. Mulheres negras são 65% das trabalhadoras domésticas no país. *Agência Brasil*, Brasília, 27 abr. 2022. Disponível em: https://agenciabrasil.ebc.com.br/geral/noticia/2022-04/mulheres-negras-sao-65-das-trabalhadoras-domesticas-no-pais. Acesso em: 14 abr. 2024.

41 GORTÁZAR, Naiara Galarraga. Caso de Madalena, escrava desde os oito anos, expõe legado vivo da escravidão no Brasil. *El País*, São Paulo, 14 jan. 2021. Disponível em: https://brasil.elpais.com/internacional/2021-01-14/madalena-escrava-desde-os-oito-anos-expoe-caso-extremo-de-racismo-no-brasil-do-seculo-xxi.html. Acesso em: 12 abr. 2024.

Mulher negra e pobre, Madalena foi "adotada" pela família Milagres Rigueira quando tinha apenas oito anos de idade. Além da exploração trabalhista sem registro somada a humilhações, maus tratos diários e condições degradantes de higiene e de saúde mental, Madalena também foi obrigada a se casar com um homem com o qual não estabelecia nenhuma relação de proximidade, o tio de sua patroa Valdilene Rigueira, beneficiário de duas pensões. Após a morte do tio de Valdilene, Madalena herda os ordenados previdenciários, mas não usufrui deles. Madalena nunca viu o dinheiro. A família Milagres Rigueira usa os valores para continuar garantindo suas vantagens sociais, com as pensões Valdilene e o marido Dalton arcam com os custos da faculdade particular de medicina da filha, Vanessa Maria Rigueira Pacheco.

Após o episódio Madalena Gordiano, em Patos de Minas, houve considerável aumento de denúncias contra situações de *trabalho análogo à escravidão* pelo país, a maioria dos casos envolvendo trabalhadoras e trabalhadores negros.

Embora se proponha estilisticamente a uma textura realista de discurso, *Que Horas Ela Volta?* goza de licença poética para envernizar a vida real com cores mais amenas. Essa *liberdade criativa*, no entanto, reflete muito mais a *negação* da racialização da miséria e dos sistemas de precarização do corpo do trabalhador brasileiro por parte de autores e detentores dos modelos operacionais e criativos do cinema, do que uma tentativa de superação do discurso racial como medida estética emancipatória.

Ao deslindar o conceito de *Imagens de Controle*[42] preconizado por Patricia Hill Collins, a pesquisadora brasileira Winnie Bue-

42 BUENO, Winnie. *Imagens de controle*: um conceito do pensamento de Patricia Hill Collins. Porto Alegre: Zouk, 2020.

no aponta relevos nacionalmente específicos quando tratamos da produção e difusão da cultura racial brasileira. Para Bueno:

> [...] A narrativa de uma escravização à brasileira, cordial e menos segregatória do que a experiência da escravidão no sul dos Estados Unidos, foi alicerçada em estereótipos a respeito do comportamento de mulheres negras que foram mobilizados academicamente como forma de justificar o cenário social consequente da escravização.[43]

A Mãe Preta brasileira seria correspondente à *imagem de controle* da *mammy* norte-americana. Bueno prossegue em sua fala: A *imagem da mammy está centralizada na lógica do mito da aceitação e da subordinação. Essa figura foi fortemente difundida tanto nos Estados Unidos, quanto no Brasil, tendo a mídia um papel preponderante nesse fenômeno.*[44]

Bem, Lucas, é claro que me interessa pensar sobre essa especial representação no contexto midiático brasileiro, afinal, minha mãe foi uma dessas mulheres negras exploradas pelo trabalho doméstico na juventude. Examinar as condições culturais que se apoiam na deleção de mulheres como a minha mãe é um movimento de busca incessante do calor de uma memória social que também é íntima e intransferível.

[Não se preocupe, Lucas, todos fazem isso. Pessoas brancas falam de si o tempo todo, com a diferença de que o *falar de si* para pessoas racialmente humanizadas é de maneira

---

43 *Ibidem.*

44 *Ibidem.*

fundamental uma ação assegurada pelo direito ao discurso e à autoridade intelectual.]

A Mãe Preta subalternizada não é, em perspectiva material, uma identidade única, mas parte de uma abundante e complexa volumetria humana segmentada pelas nefastas operações ordenadoras do colonialismo branco. Se mulheres negras assumiram a suposta faceta da *passividade* em suas circunstâncias de trabalho doméstico, foi através desse agenciamento que muitas delas mantiveram seus empregos e, no limite, a economia de uma mínima energia para superação diária do terror.

Mesmo Madalena Gordiano, em situações fronteiriças de violência e encarceramento, organizou táticas e possibilidades ao longo de décadas a fim de – parafraseando os Racionais MC's[45] aqui – *sobreviver ao inferno*.

Observar agora, de longe, o passado é tomar consciência de que minha mãe também teve de inventar estratégias e subterfúgios para criar as duas filhas não-brancas em uma cidade amazônica extremamente racista. Eu poderia enovelar minha mãe nos estereótipos que a cultura dominante me ofertou midiaticamente, mas não sou capaz de enquadrá-la em uma *história única*, minha mãe foi muitas. Foi uma mulher que muitas vezes recorreu à violência para nos educar, mas também foi uma mulher que se empenhou largamente para nos preencher de amor e persistência ética.

A Mãe Preta aqui também é um ser produzido em tridimensionalidade, minha Mãe Preta é profunda. Em que pesem as dificuldades que nos levaram, muitas vezes, a situações de desespero e raiva entre nós, fomos tocadas pela graça de ter-

45 RACIONAIS MC'S. *Sobrevivendo no Inferno*. São Paulo: Cosa Nostra, 1997. CD (1h 10min.).

-nos encontrado como mãe e filhas no mesmo tempo histórico, destino genético ou espiritual, tanto faz.]

Caricaturas são expressões distorcidas das figuras humanas ou não-humanas que, em geral, se repetem buscando efeito de divertimento. A exemplo do poema *A que cheira o Marechal?*, podemos destacar o mesmo movimento caricatural, estabelecido em sua inalterável consistência estética, nas imagéticas negras disseminadas pelas telas do audiovisual brasileiro.

Destituídas de profundidade humana, as figuras negras se resumem a uma atividade social interpenetrada por um suposto padrão psicológico, e sua função narrativa em geral configura-se como suporte estruturante do *herói dramático* o qual, no grosso histórico da televisão brasileira, reproduz o perfil normativo de uma pessoa branca, de aspecto caucasiano, magra, altura mediana, cisheterossexual, em cujo discurso e ações podemos notar princípios de moral virtuosa e benevolente.

Ao mesmo tempo em que critica sobriamente esse organograma ficcional racista promovido através das telenovelas, Joel Zito em *A Negação do Brasil* não se furta de explicitar as sensações comoventes que também se emanam das narrativas televisivas, a despeito da violência racial naturalizada em sua programação. A contradição da emoção espectadora constitui – a meu ver – o cerne da atividade crítica, negar o elemento afetivo no estudo de um produto da cultura é uma postura equivocada, muito difundida no ambiente acadêmico (ou melhor, no *ambiente academicista*, justiça seja feita, pois é verdade que nem todo ambiente acadêmico reproduz as redes elitistas de pensamento).

Em tempo, o tal *crítico especializado do ambiente academicista* compromete-se com análises de sobrevoo acerca do fenômeno analisado, de modo a tornar sua apreensão crítica uma opinião evocada *acima* do fenômeno e não *diante* dele. Joel Zito recusa essa prática e desloca-se ao ponto nuclear da questão, mostrando-nos uma relação interessante de memórias de infância entrelaçadas à força dos signos políticos e estéticos.

Se o gênero documentário no cinema é, segundo o inglês John Grierson, *a justaposição do detalhe*, no sentido de modulação de uma *poética da montagem*, não podemos ignorar os laços criados por Joel Zito Araújo em *A Negação do Brasil* com a perspectiva de que todo material documental da tela é, por si mesmo, um processo de invenção balizada pela verdade no sentido do não esquecimento histórico.

A dialética racial traduzida em *A Negação do Brasil* concerne justamente ao problema da oposição entre a precarização do trabalho de intérpretes negros e a mínima reserva de mercado para esses sujeitos associada à concepção de personagens baseadas em estereotipias racistas.

A moral programática organizada pela crítica de uma específica esquerda branca, combatendo toda e qualquer estrutura estética vista como dissidente do projeto de emancipação cultural das massas, ignora o dado da categoria *trabalho* como elemento fundamental para a sobrevivência do artista negro, tal como a importância do gesto da representatividade estética no universo do espectador negro brasileiro.

Ao desconsiderar a relevância da presença negra na televisão e, por consequência, desconsiderar também a exploração de estereotipias como o problema central das relações subjetivas inter-raciais e, portanto, de toda a economia produzida a partir delas, a branquitude tuteladora perde a oportunidade de ancorar sua teoria de classes na realidade de um país cuja racialização foi um processo a um só tempo violento e invisibilizado enquanto elemento substancial para a análise sociológica, política e estética da correlação entre o racismo e a cultura de massas.

Uma visão crítica mais "purificada" pelas teorias de gabinete não é capaz de observar a incidência dos aspectos subjetivos da experiência estética no contexto da indústria cultural, e é justamente o descarte dessas evidências o fator de empobrecimento e elitização dos comentários que buscam problematizar os sistemas de fetichização da população que frui e/ou consome os produtos culturais brasileiros.

Ricardo Terto, escritor paulista, escreveu no ano de 2019 uma das melhores análises a respeito da força de Gugu Liberato nas residências populares na década de 1990 e anos 2000, contrapondo-se a um discurso prescritivista e superficial que esvazia a realidade complexa da exploração de imagens e corpos fomentada pelo apresentador.

Na época, Gugu Liberato havia acabado de falecer e os debates sobre a relevância de sua atuação na televisão brasileira acalorava os diálogos de surdos das redes sociais.

Em sua crônica publicada no Facebook, Terto não nega o índice de perversidade na programação sustentada pela figura de Gugu Liberato, mas identifica a condição de sua entrada no cotidiano das classes populares, em friso à importância da memória de famílias de baixa renda que vivenciaram a grade de atrações escatológicas como uma forma de liturgia cultural, imposta pela hegemonia dos conteúdos de mídia à época. Tal imposição não necessariamente resulta em alienação e emburrecimento – como facilmente podemos detectar em comentários irritadiços, preconceituosos e que desumanizam o espectador de baixa renda – mas uma estrutura de comunicação que, de acordo com Muniz Sodré no livro de ensaios *A comunicação do grotesco*[46], *só pode ser compreendida pela decifração.*

Ricardo Terto nos diz:

> [...] a memória é um tipo de lar para as pessoas e eu não posso entrar como se fosse um banheiro químico de fim de festival. É preciso manifestar respeito. Uma vez convidado a entrar, lá pode vir a acontecer uma conversa.
>
> [...]
>
> A diferença entre
>
> 'O brasileiro assistia muita merda na tv' para
>
> 'A gente assistia muita merda na tv, né?'
>
> Perceba que a tv continua uma merda nas duas frases, mas a qualidade do discurso é outra.
>
> [...] a maioria das pessoas achava a tv brasileira um lixo nos domingos dos anos 90. Não tem iluminação nenhuma na sua crítica. Eu sei que minha família também achava um lixo, mas todo domingo estava lá. Onde está a história a ser contada? Pra mim, não está no 'achava um lixo', e sim no 'mas todo domingo estava lá'. Em algum lugar nesse complemento está o humano que me interessa, que me gera curiosidade e me motiva a escrever uma crônica. Esse lugar é

---

46 SODRÉ, Muniz. *A comunicação do grotesco.* Petrópolis: Vozes, 1972.

> com certeza uma tremenda bagunça, mas é a nossa bagunça e ela diz muito sobre nós.

Quando diz *nós*, Terto se refere ao outro lado do emaranhado estético-político da cultura de massa brasileira: as massas – a população: nós.

Nós, os ditos alienados e emburrecidos pelo *lixo televisivo*. De acordo com as críticas de sobrevoo dessa elite intelectual, *esclarecida* em aspectos semânticos e fenotípicos, a graduação de nossa consciência só se realiza quando passamos a repetir a sua compreensão de mundo, sem muito penetrar na complexidade do que é o aparato estético em nossas vidas comunitárias e sociais.

O elogio feito por uma dona de casa negra no fundo de um ônibus a uma novela que se passa na ponte aérea absurda Marrocos-Andaraí, em tese não é mais do que alheamento crítico? Essa dona de casa não sabe do que fala? Ela está equivocada em achar *bonito* o jogo de cores, formas e enredos apresentados diariamente na televisão? Por qual razão sacrificamos a observação do fenômeno estético das tais massas?

Não há dúvida sobre a colaboração de programas como *Domingo Legal*, comandado por Gugu Liberato, em procedimentos tragicômicos de hiperssexualização e estímulo da animalização de corpos negros e populares, considerar os afetos sociais imbricados na experiência receptiva do público não significa atenuar este fato, mas dissecá-lo em direções contrastivas, revolvendo seus elementos de fascínio com a atenção de um arqueólogo.

Ainda em A *comunicação do grotesco*, Muniz Sodré nos localiza em um desdobrar histórico importante da cultura de massa:

> Aquilo que se convencionou chamar cultura de massa vem tendo sentido no quadro de uma oposição à cultura superior que é colocada geralmente em termos de refinamento contra vulgaridade. Esta oposição é basicamente falsa, porque o código da cultura de massa (também estético-cognitivo) é ontologicamente o mesmo da cultura elevada, apenas adaptado para o consumo de todas as classes sociais (um público amplo, disperso e heterogêneo). Quando se diversifica – por classes, sexos, idades, níveis de instrução, etc. – o público receptor de uma mensagem, esta deve simplificar-se a um denominador comum, para ser entendida por todos. O código que rege a produção e mensagens de massa tem de se tornar mais pobre para aumentar o índice de percepção por parte dos receptores.[47]

A *comunicação do grotesco* foi publicado originalmente em 1971, pela editora Vozes, ocorre do empenho de Sodré em buscar formulações à luz da moderna Teoria da Comunicação, recusando o tráfico internacional de teorias científicas que mal encaixadas em nosso contexto brasileiro terminam por conjurar a adaptação do objeto estudado a conceitos previamente estabelecidos. Em outras palavras, o autor procura ser leal ao tratamento da teoria como ferramenta de análise da realidade, fugindo da prática vigente que isola a teoria e a aplica impositivamente ao universo do real para adaptá-lo ao que se deseja como hipótese e como resultado.

---

47 SODRÉ, Muniz. A *comunicação do grotesco*. Petrópolis: Vozes, 1972.

Olhar para a indústria cultural brasileira e a posição de um corpo dissidente nessa matemática de discursos exige que nos reconheçamos parte intrínseca da *bagunça* evocada por Ricardo Terto.

Ao estabelecer o recorte televisivo e de revistas como material disparador de análise, Muniz Sodré vaticina: *[...] por trás do racionalismo de Apolo (a escrita) e do arrebatamento de Dionísio (a imagem) se encontra o olho comercial de Hermes.*[48]

A oposição é poderosa. Na filosofia ocidental clássica e contemporânea, Dionísio é o grau antagônico de Apolo, um restitui o outro em platô. Se Dionísio conclama a fúria das Eumênides, dos ditirambos e da embriaguez - características que identificam as zonas estéticas das pulsões de um Eros criador – Apolo é a ressonância de um espírito protoiluminista, arraigado em raciocínios objetivos e consequentes. Um e outro alimentam a tessitura binária do pensamento e da arte ocidentais. Hermes, deus do comércio, é o fiel da balança.

A estrutura apresentada metaforicamente por Sodré complexifica as unidades de compreensão do fenômeno cênico da cultura de massa. Em seu aparato formal, a televisão inundou os telespectadores de sonhos de consumo e autorrealização, a contextualização de imagens desejantes ocorreu em concomitância ao tempo econômico de expansão do mercado consumidor.

Para Sodré a *televisão tem grandes especificidades como veículo, se confrontada, por exemplo, com a radiodifusão. Na criação de estados psíquicos. A tevê seria dionisíaca, por entregar ao espectador (telespectador?) a si próprio, pondo-o em contato com o mundo concreto das imagens.* [...].[49]

---

48 *Ibidem.*

49 *Ibidem.*

A televisão brasileira foi branca até o ponto em que o primeiro negro pôde adquirir o primeiro aparelho televisor. Esse novo recorte de espectadores trouxe a paulatina demanda de que seu corpo e sua existência fossem representados imageticamente, em um lento processo de transformação de mentalidade e de cultura de mercado.

Não nos enganemos, as protagonistas negras hoje nos horários nobres da TV aberta não são uma tomada de consciência das empresas de telecomunicações, mas o retorno a uma exigência pautada pelos espectadores em sua necessidade particular, assim como também alicerçada pelo equilíbrio das condições sociais e políticas de mercantilização de uma arte negra que não hesitou em avançar, superando enormes obstáculos, para a ocupação de postos de trabalho.

Em *A Negação do Brasil*, podemos ouvir relatos de intérpretes como Milton Gonçalves e Zezé Motta, ambos traduzem um tempo em que a presença do negro na teledramaturgia situava-se tanto nas margens do avanço como do retrocesso. As personagens ainda atendiam nos anos 60, 70 e 80 à tipagem racista.[50]Apenas nos anos 90, segundo Zezé Motta, houve pela primeira vez uma família negra de classe média no folhetim de Silvio de Abreu dirigido por Jorge Fernando, *A Próxima Vítima*, eleita em 2012 uma das melhores novelas de todos os tempos pelo Portal Terra.[51] A trama

---

50 A NEGAÇÃO do Brasil. Direção: Joel Zito Araújo. Produção: Joel Zito Araújo e Luiz Antonio Pilar. Roteiro: Joel Zito Araújo. 2000. (92 min.)

51 Informações retiradas de: https://pt.wikipedia.org/wiki/A_Pr%C3%B3xima_V%C3%ADtima_(telenovla)#Refer%C3%AAncias. Acesso em: 12 abr. 2024.

também ganhou o prêmio APCA (Associação Paulista de Críticos de Arte) em 1995 e o Prêmio Contigo! no ano subsequente.

Em que pese o avanço verificado na presença da família negra em uma localização de classe mais estável do ponto de vista econômico, sua gênese era apresentada sob um prisma racial discutível no qual a personagem de Camila Pitanga arranja um namorado branco interpretado por Roberto Bataglin e o preconceito se inverte: os pais não aprovam o relacionamento e sua reação insinua a prática de *racismo reverso*, mais um dos mitos raciais brasileiros que servem ao esfumaçamento das questões materiais das políticas de extermínio econômico e subjetivo de pessoas negras.

Tais questões até poderiam ter sido devidamente conduzidas pela extensa programação da televisão brasileira, mas foram denegadas como objeto narrativo posto que o trânsito estético-cognitivo entre a grade televisiva e a opinião pública historicamente permanece atada aos princípios econômicos da tríade de mercado *patrocinador-audiência-emissora*. As projeções do negro na televisão até os anos 1990 foram baseadas em premissas tributárias de toda a falsificação científica e histórica da participação do negro na sociedade brasileira. Os estereótipos raciais ainda constituíam as personagens negras, a despeito de sua ascensão financeira.

Na família negra de *A Próxima Vítima*, encontramos pessoas negras de valores de classe média, envolvidas com atuações trabalhistas seguras, e em busca de realizações individuais distantes dos temas da fome e do dinheiro antes vistas na teledramaturgia brasileira, entretanto, a desconfiança do namorado branco da filha desvela uma perigosa decisão ideológica: assume-se pelos atos das personagens que a responsabilidade do racismo àquela altura da história brasileira pertencia tão somente as pessoas negras, de tal sorte que essa família afrocentrada parece processar a discriminação vivida em uma violência que retorna ao branco como preconceito de classe.

O namorado branco, nessa fantasia, é vítima de uma pretensa desconfiança de caráter por ser apenas um fotógrafo, um partido ruim para a filha, um pobretão. Essa ordenação narrativa é interessante para pensarmos como a abordagem das relações inter-raciais foi apresentada a milhares de telespectadores, negros, indígenas e brancos, naquele momento da cultura brasileira.

O meio do qual estamos aqui falando é a Rede Globo, maior emissora do país que, junto com a argentina Telefe, erigiu um verdadeiro império latino-americano de exportações culturais para o mundo todo nas últimas décadas.

A Rede Globo surgiu em condições tão profundamente monopolistas, no ano de 1965, que impôs modelos unilaterais de gestão de empresas de comunicação no Brasil. Daniel Herz, no livro A *história secreta da Rede Globo*, conta-nos sobre o protagonismo da emissora em relação à implantação de uma estrutura de operações na comunicação brasileira absolutamente inovadora, obrigando as empresas concorrentes a assimilarem as *técnicas "modernas" de um modo capitalista de produção da comunicação de massa.*[52]

A Rede Globo nasce sob a tutela de investimento estrangeiro do grupo norte-americano *Time-Life* que também concedia à empresa assessoria especializada, equipamentos e filmes de longa-metragem transmitidos várias vezes na semana, constituindo através desse aporte financeiro e de mercadoria

52 HERZ, Daniel. A *história secreta da Rede Globo*. Porto Alegre: Tchê!, 1988.

técnica e cultural um ritmo industrial, dificultando os níveis de competitividade de mercado.

Importante abrir aqui um espaço para considerações sócio-políticas nas relações estabelecidas entre a inauguração de armorial midiático completamente inédito na História da comunicação brasileira e a existência de decisões de Estado as quais, em oscilação entre a condescendência interesseira e a repressão, mobilizaram a promoção de ideias de identidade cultural, baseadas na concepção de *Brasilidade* e nas perspectivas folcloristas provenientes do movimento modernista e da Semana de 1922.

Voltemos aqui no tempo, portanto, rumo ao período do Estado Novo, Lucas, quando essa política de construção de símbolos nacionais foi um dos combustíveis para a mitificação da figura do presidente Getúlio Vargas na História brasileira. Sob uma visão romantizada muitos pesquisadores atribuem ao estadista a responsabilidade pela incorporação do samba e da capoeira ao contexto oficial de reconhecimento das culturas populares nacionais.

O historiador Roberto Pereira no livro *Rodas Negras: Capoeira, Samba, Teatro e Identidade Nacional*[53] nos oferece uma análise em oposição ao senso comum, que centraliza no Estado e na pessoa de Getúlio Vargas a autoria de salvamento do samba e da capoeira, atribuindo importância aos agentes negros da capoeira e do samba que as custas de muito empenho e tentativa de ampliação de capital social, possibilitaram condições de circulação e exposição de suas rodas, jogos e cancioneiro aos representantes do poder e donos dos meios de produção/difusão cultural.

---

53 PEREIRA, Roberto. *Rodas Negras:* Capoeira, Samba, Teatro e Identidade Nacional. São Paulo: Perspectiva, 2023.

Ao verificar a relação intrínseca entre a projeção nacional do samba como gênero musical e os modelos de radiodifusão que se consolidavam na época, Pereira nos demonstra que a capoeira, além de vitimada por leis de criminalização no pós-Abolição, por ser uma manifestação coreográfica e visual não obteve as mesmas oportunidades de divulgação. No mais, a *boa vontade* estatal e midiática de apoio político à cultura da capoeira não se concretiza em dados históricos, a não ser pelo marco legal de sua descriminalização na década de 1930 e *elevação* simbólica ao posto de *esporte nacional* – o que não significa que políticas públicas tenham sido factualmente implementadas a fim de emancipar a prática no Brasil.

O samba como expressão negra sem imagem foi possível pela ampliação do arcabouço radiofônico brasileiro, mas a capoeira precisava de uma imagem para se nacionalizar e essa imagem, esse corpo situado esteticamente em um tempo e em um espaço será um corpo interrompido.

Muniz Sodré nos dá um contexto interessante sobre a natureza midiática do rádio:

> O rádio veio restaurar, em bases culturais infinitamente inferiores, a concepção grega do livro: este (o texto) é apenas um meio para o locutor. É evidente que o locutor radiofônico, obrigado a ficar distante de seu público, perde força expressiva, o carisma, característico do orador grego. Para compensar essa perda, ele recorre a recursos idiossincráticos: a boa empostação da voz, as pausas, enfim, as características personalíssimas de narração. E do mesmo modo que no livro o ouvinte de rádio tem de se entregar a

> um certo exercício de imaginação para visualizar a mensagem transmitida.[54]

A *imagem é brutal* - já disse a cineasta e pesquisadora Natasha Rodrigues - sua mediação é a própria visualidade recortada em edição e distante da capacidade épica do rádio, através da qual o meio ainda se aparta técnica e esteticamente da mensagem, produzindo narrativas distanciadas e que intercorrem na experiência do ouvinte como espectador isolado de sua faculdade visual.

A mensagem radiofônica se apresenta uma performance de tessitura musicalizada, com elementos sonoros que confluem com o que é narrado de maneira a trazer-lhe volume formal, portanto cênico, através do exercício da declamação, recitação, locução.

A imagem é ela mesma uma plataforma que interliga a experiência visual ao conteúdo, a visualidade é em si um apelo discursivo que se antecipa à palavra e nos inunda em sua voracidade.

Muniz Sodré ainda nos conta:

> O aparelho de tevê é o outro, que impõe um monólogo controlável (já que se pode ligar a qualquer instante, mudar de canal, ou desligar o aparelho). A imagem já se põe construída ao receptor, deixando-se pouco à imaginação. Considere-se, por exemplo, uma partida de futebol transmitida pelo rádio: para o torcedor, à emoção dos lances dos jogadores no estádio junta-se à emoção da própria transmissão – a do locutor. Para compensar a ausência da imagem, o locutor esportivo foi obrigado a criar um

54 SODRÉ, Muniz. A *comunicação do grotesco*. Petrópolis: Vozes, 1972.

> verdadeiro espetáculo verbal, em que as palavras parecem fluir com a velocidade da bola ou com o ímpeto dos atletas.[55]

A observação do professor é importante, temos diante de nós um quadro que nos interessa quanto as estratégias de realização sensorial dos discursos, no caso da partida de futebol, por meio da qual são acionadas emoções no ouvinte, uma disposição cognitiva e psicologicamente desejante.

Importante lembrar ser a partir do advento da era do rádio no Brasil, cuja apoteose ocorreu na década de 30, que encontramos a inaugural nacionalização de atrizes e atores que emprestavam suas vozes à programação. A radionovela, transmitida pela primeira vez no ano de 1941, é um expoente decisivo na prefiguração de uma cultura de celebridades no campo da atuação teatral. Com a imagem latente das telenovelas, a cultura de espetacularização de atrizes e atores como entes dotados de talentos especiais mergulha em salto infinito.

[Aqui um comentário dentro do comentário, Lucas, vivemos o paroxismo desse cenário nesse nosso ano de 2024, quando as redes sociais se tornaram tribunas de mercantilização da imagem em sua composição diária. Se antes a imagem televisiva em seu espetáculo era método hegemônico de consolidação das celebridades brasileiras, hoje a imagem ordinária do cotidiano expande o ciborgue-celebridade em bordas inéditas, é a vida pessoal dos artistas que rouba o lugar histórico da ficção encantatória, são seus costumes, decisões, sentimentos, sonhos e indignações que alimentam o *star system* do império digital.

---

55 *Ibidem*.

Hoje as elocuções que causam efeitos morais e éticos nas pessoas já não se constituem mais sobre palcos ou púlpitos talhados em madeira histórica, mas no limbo socialmente fixo das relações digitais e são eles, os *influenciadores digitais*, as individualidades retóricas que ditam condutas e visões de mundo que devem, literalmente, ser *seguidas*.]

Pelo que consta na *Memória da Televisão Brasileira*, a primeira telenovela foi ao ar em 1951 na extinta TV Tupi. *Sua Vida Me Pertence* é um melodrama apresentado ao longo de 15 capítulos em transmissões ao vivo em dois dias da semana.

O modelo de produção dos folhetins, nesse período, ainda flertava com a acepção fenomenológica do teatro, na medida em que exigia a presença atualizada dos intérpretes em cena para a realização da trama. O contexto de gravação e reprodução técnica das telenovelas só encontraremos mais adiante, em 1963, na trama 2-5499 *Ocupado* veiculada pela TV Excelsior.

2-5499 *Ocupado* foi a primeira telenovela diária da televisão, com 42 capítulos já realizados dentro de um sistema de registro e reprodução técnica de áudio e vídeo. Não preciso dizer que os intérpretes vistos nesses trabalhos são pessoas brancas, não é? São mulheres brancas aquelas que ocuparão os postos de *mocinhas, namoradinhas do Brasil*, e são os homens brancos que se associarão aos mitos modernos do *herói* e do *galã conquistador*. As vilanias serão mais abrangentes, como preconizam os códigos binários da moral cristã. De lá para cá vimos, sim, corpos negros, mas somente nas posições de inferioridade humana, tanto subjetivamente quanto no campo material e técnico.

É importante observarmos que o pensamento cultural predominante, acondicionado nas bases de uma estética melodramática, espetacular e sedutora, estabelecia uma forma de entendimento racista nos meios das próprias comunidades negras. O letramento racial hoje tão evocado em rodas de combate ao racismo não é algo recente, sustento aqui que já conhecemos os efeitos do letramento racial, ou melhor, do anti-letramento racial, uma aprendizagem racista didaticamente introjetada na mentalidade dos telespectadores através das inesgotáveis repetições de perfis foi um projeto de dessensibilização da população telespectadora o qual eliminou as categorias étnico-raciais como referenciais que deveriam ser inegociáveis na cultura brasileira.

Uma audiência efetivamente negra não significa uma audiência antirracista, meios patrocinadores antirracistas não são, de jeito nenhum, indicativos de uma ascensão negra à posição hegemônica político-empresarial – não, muitas das marcas hoje que estão nos espaços de propaganda da televisão aderiram a uma visão de igualdade racial em seu discurso de vendas, porém, continuam estáveis em suas pirâmides de poder e classe racializadas.

Você pode ter certeza, Lucas, que a faxineira dessas empresas progressistas ainda é uma mulher preta e periférica, e os estímulos de calibre antirracista que sustentam programas antirracistas na televisão não transformam concretamente a vida dessa mulher, mas constituem suas teias imaginativas e sensoriais.

No ano 2014, o episódio *Sexo e as Negas*[56] ampliou um debate importante a propósito da representação de mulheres negras e suburbanas em séries ficcionais. O programa formula-

---

56 SEXO e as Negas. Idealização: Miguel Falabella. Direção: Hsu Chien, Charles Daves e Cininha de Paula. Rio de Janeiro: TV Globo, 2014. Série (45 min.), color.

do por Miguel Falabella baseou-se em um seriado norte-americano chamado *Sex and the City* no qual mulheres brancas de classe média alta partilham seus dilemas cisfemininos caucasianos envoltas à atmosfera de uma Nova Iorque idílica desenhada em drinques caros e roupas de grife.

Na versão brasileira concebida por Miguel Falabella optou-se pelo chiste, as mulheres brancas sexualmente livres e autônomas de *Sex and the City* se tornaram em *Sexo e as Negas* mulheres negras superexcitadas e de atitude social vinculada a uma sexualidade compulsória, cujo evento adverso foi também a objetificação do homem negro. (Alguns dos títulos de episódios dão uma mostra desse tratamento ambivalente: *Narciso Negro*, *O Encaixe*, *Pulo do Gato*.)

A escritora e jornalista Rosane Borges preparou em 2016 um ensaio chamado *Sexo e as Negas: quais os regimes de visibilidade possíveis?*[57] no qual desenvolve uma importante análise sobre o programa, mais especificamente a respeito dos *atos fundantes* que dilaceram o significante *negro* em mil pedaços, fragmentando-o descontinuamente em imagens-estereótipo, mesmo que as intenções estético-políticas da trama remetam a uma postura progressista de atribuir protagonismo a mulheres negras falando sobre suas sexualidades. Não aceitemos as ilusões propagadas pela mercantilização da existência negra nesse século. Personagens negras em posição de protagonismo não necessariamente acionam léxicos disruptivos.

De acordo com Borges habitamos *um mundo em que ser é ser visível*[58], os regimes da visibilidade orquestrado pela

---

57 BORGES, Rosane. *Esboços de um tempo presente.* Rio de Janeiro: Malê, 2016.

58 *Ibidem.*

tradição da cultura de massa imprime no imaginário brasileiro as cisões de humanidade que cartografam o corpo negro como um corpo-coisa. A autora ainda nos diz:

> [...] ora, mesmo que traga cenas 'diferenciadas', numa escala positiva, como querem ver alguns 'Sexo e as Negas' não consegue dialogar com o espírito do tempo. A despeito dos dados que ainda apontam a presença majoritária de mulheres negras em espaços subalternizados, inquestionáveis deslocamento vêm acontecendo nos últimos anos: para além de mulheres lutadoras, que labutam nas posições mais desprestigiadas, adentramos, também com luta e inteligência, à universidade (é sintomático nenhuma delas [as personagens] fazer universidade, considerando que o Prouni alargou a entrada dos mais pobres), somos médicas, adentramos o magistrado brasileiro, marcamos presença nas engenharias, na astronomia. Será que tais deslocamentos visíveis no tecido social não dialogam com os códigos que se apresentam como novos nas narrativas da TV e congêneres?[59]

Um aspecto formal também chama a atenção em *Sexo e As Negas*: a narração em voz *off* dos episódios é feita pelo autor da trama e não por uma das personagens, diferente do programa norte-americano tomado como referência no qual a narração é invariavelmente feita pela personagem principal, uma escritora cosmopolita.

Esse pode parecer um mero detalhe, mas evidencia a compressão estética à qual estão submetidas as personagens na

59 *Ibidem.*

série brasileira. A narração em *off* nos dá a impressão de que aquela história já ocorreu e teve seu desfecho.

Narrar algo é justamente reorganizar em decisões estéticas, políticas, prosódicas e retóricas os eventos que nos tomam a consciência em graus significativos e partilháveis. O êxito ou o fracasso de uma experiência só podem ser sentenciados pelo ato narrativo, é através do discernimento crítico implícito no gesto de contar que somos capazes de atribuir significados ao que foi vivido. A escolha das palavras e ações desenhadas em uma narrativa, bem como as variações éticas que interpenetram o discurso são decisivos para a definição de processos de encarnação da vida pela linguagem.

É importante aferir que o problema estético-político em *Sexo e as Negas*, de saída, está no fato de não serem as personagens, *elas mesmas*, a usufruírem do processo de elaboração pela palavra das próprias trajetórias. No seriado *Sex and the City* é essa a força ilustrativa das aventuras das amigas, tais aventuras são narradas por alguém que faz parte da própria experiência vivida, ente que referenda uma lógica intracomunitária e autocrítica verossímeis à trama.

O problema de forma, nesse sentido, revela um fundo ainda mais corroído, a superficialidade com que essas vidas de mulheres negras foram tratadas criou insatisfação em movimentos sociais negros e foi denunciado à Secretaria de Políticas para Mulheres da Presidência da República (SPM – PR), criada em 2003, a fim de garantir a promoção da igualdade de gênero e de combater discriminações produzidas pela tradição patriarcal brasileira. A série também foi acusada de racismo em uma denúncia à Secretaria Especial de Promoção da Igualdade Racial (Seppir).[60]

---

60 MORENO, Vitor. Seriado 'Sexo e as Negas' é investigado

Cancelada na primeira temporada, *Sexo e as Negas* ainda teve seus defensores, inclusive artistas e ativistas negros os quais, dentre muitos argumentos, sustentaram a tese de que aquela qualidade de programação garantia a atrizes negras oportunidades de trabalho. A condição da reserva de mercado, nesse momento, ainda demonstrava sua soberania em detrimento da qualidade possível para a inclusão proporcionalmente justa de artistas negros na televisão brasileira.

Volto a Muniz Sodré em *A comunicação do grotesco*, na tese *O Imaginário Brasileiro* Sodré nos apresenta uma pequena compilação de programas antigos que exploravam o que o autor configura como *uma disfunção social e artística, do tipo especialíssimo, que poderíamos chamar de grotesco escatológico*. Alguns deles reproduzo abaixo:

- Silvio Santos - em Rainha por um Dia, promovia o desfile de miseráveis, que contavam suas penas. Cabia ao auditório escolher a história mais triste. A mais desgraçada, a mais infeliz, era eleita 'Rainha por um dia'.

- Dercy Gonçalves – explora também a miséria, os temas de baixo espiritismo, os curandeiros, as irmãs xipófagas, as aberrações e as deformidades físicas.

- O Chacrinha – Abelardo Barbosa, o Chacrinha, apontado por si mesmo e pelos jornais como 'fe-

---

após denúncias de racismo. *Folha de S. Paulo*, São Paulo, 11 set. 2014. Ilustrada. Disponível em: https://m.folha.uol.com.br/ilustrada/2014/09/1514411-seriado-sexo-e-as-negas-e-investigado-por-racismo.shtml. Acesso em: 12 mar. 2024.

> nômeno da comunicação de massa', não foge à regra geral de manipulação do grotesco.[61]

É importante ressaltar que a categoria *grotesco* para Sodré é justamente criada a partir da modulação estética e comunicacional da cultura de massa na televisão, a presença de pessoas pobres, pessoas com deficiências físicas, pessoas negras não opera na medida da inclusão e sim da exclusão remediadora, por meio da qual o sentimento eucarístico do apenamento frente ao terror da miséria alheia move o telespectador e o espectador presente nos auditórios, em catarse – por que não dizer? – tragicômica.

Max Horkheimer afirma que a cultura de massa faz a vida exposta no espetáculo televisivo ou radiofônico parecer um retrato fidedigno da realidade, engessado em sua forma imaginativa e utópica.[62] Teremos superado essas circunstâncias em nossos movimentos atuais de reivindicação do protagonismo negro nas esferas artísticas? Em algumas tentativas, decerto, há excelentes formulações, sobretudo aquelas que desterram o problema da analfabetização racial, assumindo-a como um desafio: é preciso antes de tudo revelar as nódoas que comprometeram nossa visão racial brasileira, daí então reconstruir nossa morada estética, política e pertencente como anfitriã de um país empedernido pelos coquetismos teóricos daqueles que negam as resultantes históricas da escravidão.

Em 1972, Muniz Sodré avança com precisão sobre o problema de classes racializado no campo da cultura de massa. Ba-

---

61 SODRÉ, Muniz. A *comunicação do grotesco*. Petrópolis: Vozes, 1972.

62 HORKHEIMER, Max. *Eclipse da Razão*. São Paulo: Unesp, 2015.

seado em dados materiais, o autor nota uma atividade processual nas relações estabelecidas entre público e programação, uma espécie de acirramento das disparidades econômicas e sociais apresentadas como espetáculo pela televisão:

> [...] Por trás da igualdade ilusória, está a realidade discriminadora. A antena de televisão no barraco de um favelado e a antena numa residência de luxo não são apenas os índices de um mesmo rito de consumo, mas também de uma contradição em processo de aguçamento. A tevê não transforma o real.[63]

Adiciono uma continuidade adversativa aqui nesse ponto depois da fala de Sodré: a tevê não transforma o real, mas mobiliza entendimentos capazes de nutrir algum mínimo desejo de mudança, mesmo pela via negativa. É nesse ponto em que estamos.

O direito a um par de olhos

Lucas, *Trem Azul*[64] é o título do último trabalho da cantora Elis Regina antes da morte, quando foi lançado eu nem era nascida. Escuto o disco com ouvidos devotos, mas não sempre, com Elis Regina é preciso ter parcimônia, se não ela entra na gente e toma a gente de assalto, fica na gente para sempre como um pedaço muito intenso do que a gente é.

---

63 SODRÉ, Muniz. *A comunicação do grotesco*. Petrópolis: Vozes, 1972.

64 REGINA, Elis. *Trem Azul*. São Paulo: Som Livre, 1982. Disco.

No show *Trem* Azul[65], ela declama um poema escrito por Fernando Faro, diretor de um dos programas mais inventivos da televisão brasileira, o *Ensaio*, promovido pela TV Cultura, onde centenas de artistas da música foram entrevistados.

Faro tinha uma especial dedicação ao experimento da televisão como veículo antinaturalista, explorando artifícios de imagem que somente a capacidade técnica da videogravação poderia realizar. O uso de *closes*, efeitos de sonoridade oscilantes entre o silêncio do entrevistador e a ampliação da voz do entrevistado, o filtro preto e branco, tudo demarcava no *Ensaio* justamente o redesenho do que seria a textura realista das imagens, assumindo que a televisão, assim como o teatro, não é a realidade, mas um enunciado (crítico, empírico, quiçá experimental) sobre a realidade.

Elis recita o poema de Faro de maneira compassada e solene:

Agora o braço não é mais o braço erguido num grito de gol
Agora o braço é uma linha, um traço, um rastro espelhado e brilhante
E todas as figuras se apresentam assim: um desenho de luz, agrupamento de pontos, um quadro de impulsos, um processamento de sinais
E assim, dizem, recontam a vida
Agora retiram de mim a cobertura de carne, escorrem todo o sangue, afinam meus ossos em fios luminosos e aí estou pelo salão, pelas ca-

---

65 FERREIRA, Mauro. Álbum póstumo de Elis Regina, com show 'Trem azul', ganha edição digital para festejar os 78 anos da cantora. *G1 Pop & Arte*, Rio de Janeiro, 14 mar. 2023. Disponível em: https://g1.globo.com/pop-arte/musica/blog/mauro-ferreira/post/2023/03/14/album-postumo-de-elis-regina-com-show-trem-azul-ganha-edicao-digital-para-festejar-os-78-anos-da-cantora.ghtml. Acesso em: 15 mar. 2024.

sas pela cidade, parecida comigo
Um Rascunho, uma forma nebulosa feita de luz e sombra como uma estrela.
Agora eu sou uma estrela.[66]

Essas palavras traduzem com muita sensibilidade o avanço da teledifusão. O *show* de Elis ocorreu em outubro de 1981, em um momento em que já era irreversível a relação entre cultura de massa, audiência e publicidade. A transformação do corpo físico em compacto *agrupamento de pontos, partículas, um quadro de impulsos*, encena a poderosa trajetória da chegada da luz e, portanto, da televisão nas mais recônditas localidades do país. É quase uma pintura: a luz, as formas e o som se convertem em ondas eletromagnéticas e depois se reconvertem em luz, formas e som, para integrar uma totalidade cênica de imagens e ações.

Em outras palavras, o corpo de alguém, de um artista, de um *showman*, de um comediante, se desfaz em milhares de ondas transversais (transversais do tempo?) que viajam pelo espaço (*escorrem o sangue em fios luminosos*) e logo são recapturadas pelo aparelho televisor. Reconvertido, o *rastro espelhado e brilhante* manifesta uma vez mais sua expressão palpável: é canto, é dança, é interpretação.

Elis encerra: *agora eu sou uma estrela*. A polissemia do signo *estrela* amplia a noção que possuímos da cinética da televisão: um artista torna-se estrela porque se espalha para o público como uma *forma nebulosa de luz e sombra*, e também porque ascende a um lugar social e político de extensivo reconhecimento público. O artista já não é mais uma pessoa, não. O

---

66 REGINA, Elis. *Trem Azul*. São Paulo: Som Livre, 1982. Disco.

artista é um astro. Está acima de seu público e habitua-se a essa posição numinosa dentro da indústria cultural (curiosamente, não Elis Regina, a qual sempre criticou o crescimento do mercado das artes em seus sentidos exploratórios e alienantes).

O artista é único até que não mais o seja. Ele é insubstituível até que todos o esqueçam e passem a amar novas figuras insubstituíveis.

Agora, mais de quarenta anos após o show *Trem Azul*, estamos diante de um complexo de justaposição de discursos estéticos de comunicação digital, uma enorme soma de informações que em sua correlação tornam-se indistintas e espectrais.

Tudo ao mesmo tempo. Os *fios luminosos* estão escalonados e se assentam em nossas vidas nos exigindo uma adaptação às múltiplas linearidades temporais humanamente impossíveis. São dezenas de abas que se acumulam em nossas telas criando a fantasia de que nós também somos criaturas de natureza intelectual e imagética infinita. A possibilidade de acessar verbetes, traduções e conceitos no *Google* produziu o que Muniz Sodré chamou nos anos 70 de *dispersão da atividade do espectador*[67], a acessibilidade livre daquilo que não lembramos ou que não conhecemos constitui uma falsa sensação de retenção de imagens e de informações que jamais poderão ser de fato acumuladas.

Vivemos o tempo da dissolução da memória, uma postagem *viral* capaz de monetizar alguns dólares para o seu autor em uma semana na outra já é material histórico grudado ao fundo do baú das redes sociais. A capacidade de anulação do jogo de imagens de aplicativos como *Instagram*, *Kwai* e *Tik Tok* faz de nós exatamen-

67 SODRÉ, Muniz. A *comunicação do grotesco*. Petrópolis: Vozes, 1972.

te o contrário do que pressupõe seu elogio à hiperexposição das subjetividades: somos meros receptáculos de fundo falso, nenhum discurso visual nos preenche, ao mesmo tempo em que estamos superlotados de imagens igualmente fractais e vazias.

A professora Giselle Beiguelman adentrou um universo ainda muito misterioso para nós que estudamos a crítica cultural, bem como o terreno da estética e da comunicação social. No artigo *Dadosfera*, contido no livro *Políticas na imagem -Vigilância e resistência na dadosfera*, Beiguelman reflete a propósito de tecnologias de reconhecimento facial: *[...] os sistemas de reconhecimento buscam superar as divisões entre a visão humana e a da máquina na identificação das pessoas.*[68]

São nossas experiências visuais que têm alimentado os bancos de dados necessário à vigilância, cada vez que identificamos em uma grade de imagens o que é uma *vaca* e o que é um *trem*, sob a insuspeita justificativa de que precisamos nos comprovar humanos para acessar alguma página da *internet*, estamos produzindo dados de reconhecimento de imagens. Estamos dizendo à máquina: *isso é o que eu sei das imagens sob a perspectiva de minha humanidade, toma para você.*

Ainda Giselle Beiguelman:

> O poder de olhar e de ser visto é distribuído de forma assimétrica e a multiplicação das câmeras de reconhecimento facial nas cidades esclarece essa divisão de papéis. O crescimento do mercado global desse tipo de tecnologia deve passar de 3,2 bilhões para 7

---

68 BEIGUELMAN, Giselle. *Políticas da imagem:* Vigilância e resistência na dadosfera. São Paulo: Ubu, 2021.

> bilhões de dólares em 2024. Diante desses números, não se pode negar sua relevância econômica.[69]

A *matemática das faces* presente nos estratagemas de vigilância social é antes de tudo um instrumento voltado para o lucro do império digital, representado pelas grandes empresas tecnológicas.

Meus olhos ardem quando fico muito tempo diante das telas. Para escrever esse livro tive de retornar a uma percepção humanizante dos sentidos que carrego como corporeidade. Outro dia saiu no Jornal Nacional[70] um estudo de oftalmologistas sobre a saúde dos olhos dos brasileiros estar cada vez mais comprometida porque desaprendemos a piscar direito, e não piscamos direito porque as telas deprimem em nós essa que seria uma ação autônoma, tão impensada quanto respirar. Nossos olhos estão secos porque as telas nos fazem esquecer de nós mesmos, nos sentidos básicos de nossas qualidades perceptivas.

Meus olhos são tão ressecados quanto os olhos da máquina (e por falar em *imagens* essa não é uma *imagem* forte?). Tenho que usar colírio para preservar a lubrificação do globo ocular. O oftalmologista que procurei disse que eu não produzo gordura nas lágrimas. *Lágrimas pobres de nutrientes*, disse ele.

---

69 *Ibidem*.

70 JORNAL NACIONAL. Médicos explicam por que os brasileiros estão piscando menos. *Globoplay*, 14 mar. 2024. Disponível em: https://globoplay.globo.com/v/12437744/. Acesso em: 14 mar. 2024.

No dia em que Nancy[71] morreu eu liguei para o meu amigo Renato, disse a ele que eu não conseguia parar de chorar. Contei sobre o diagnóstico do oftalmologista e concluí: *agora mesmo nesse momento eu estou chorando minhas pobres lágrimas pela Nancy*. E todo o choro foi doído não só pelo coração que se parte quando uma mãe da gente morre, mas também porque a superfície dos meus olhos ardia a cada lágrima derramada, um parto difícil de um pranto que parecia tão facilmente disposto a jorrar. As telas retiraram de mim até o natural autocuidado que nossos órgãos nos provêm em um momento de dor.

No final do século XIX, Machado de Assis cravou na história da literatura brasileira o enredamento volitivo do olhar de Capitu, personagem-tema que, via de regra, ocorre como exemplo quando discutimos a questão dos ciúmes. A pergunta que o senso comum levanta da obra *Dom Casmurro* *(Capitu traiu ou não traiu Bentinho?)* é irrisória perto dos fluxos políticos-poéticos trazidos à superfície do romance através das palavras diligentemente escolhidas pelo autor. Reproduzo aqui, Lucas, parte do trigésimo segundo capítulo, intitulado *Olhos de Ressaca*:

> Tinha-me lembrado a definição que José Dias dera deles, 'olhos de cigana oblíqua e dissimulada'. Eu não sabia o que era oblíqua, mas dissimulada sabia,

---

71 Nancy Gomes da Silva, uma pessoa importante em minha vida. Uma pessoa que não cabe em uma nota de rodapé, seu nome encerra em mim toda a majestade de sua existência: Nancy. Minha querida Nancy, sem ela minha vida também não teria sido possível.

> e queria ver se podiam chamar assim. Capitu deixou-se fitar e examinar. Só me perguntava o que era, se nunca os vira; eu nada achei extraordinário; a cor e a doçura eram minhas conhecidas. A demora da contemplação creio que lhe deu outra ideia do meu intento; imaginou que era um pretexto para mirá-los mais de perto, com os meus olhos longos, constantes, enfiados neles, e a isto atribuo que entrassem a ficar crescidos, crescidos e sombrios, com tal expressão que...
>
> Retórica dos namorados, dá-me uma comparação exata e poética para dizer o que foram aqueles olhos de Capitu. Não me acode imagem capaz de dizer, sem quebra da dignidade do estilo, o que eles foram e me fizeram. Olhos de ressaca? Vá, de ressaca. É o que me dá ideia daquela feição nova. Traziam não sei que fluido misterioso e enérgico, uma força que arrastava para dentro, como a vaga que se retira da praia, nos dias de ressaca.[72]

O olhar de Bentinho deságua nos cabelos de Capitu, a sedução oblíqua extravasa o quadro visual e faz com que o rapaz imerja no todo-Capitu. É ela a figura que produz o apaixonamento em Bentinho, *embaraçando-o*. Toda a cena é um grande enovelamento da visão enquanto faculdade desejante.

Anne Carson diz que: *Pálpebras são importantes. Das pálpebras pode surgir uma emoção erótica que faz vibrar o intervalo que existe entre duas pessoas.*[73] O olhar é por excelência

---

72 ASSIS, Machado de. *Dom Casmurro*. São Paulo: Penguin Classic/ Companhia das Letras, 2016.

73 CARSON, Anne. *Eros, o doce-amargo*: Um ensaio. Rio de Janeiro:

uma elementaridade erótica, das narrativas arcaicas ao romantismo alemão, os olhos são a perenidade do não-dito, comunicam, deslizam, fazem-se portal entre a internalidade e o sensível real. Olhar é *inocular-se* feito líquido invisível no âmago do corpo que é visto e que, por sua vez, também é capaz de ver.

Toni Morrison em um de seus livros mais cortantes, *O olho mais azul*[74], também traz as multivocidade do olhar para nós leitores. O romance nos apresenta Pecola Breedlove, uma menininha negra que anseia ter uma aparência diferente. Por ser uma criança de pele muito escura e de cabelos muito crespos, Pecola é vítima dos desmazelos do racismo e sofre continuamente a negligência do mundo adulto e do mundo branco. Ela crê que se fosse dotada de olhos azuis poderia ser vista como uma menina bonita e, portanto, feliz.

Em uma das passagens da narrativa, Pauline, mãe de Pecola, conta como foi o parto da filha:

> Quando chegou a hora, fui pro hospital. Pra não ter preocupação. Não queria que nascesse em casa, como o menino. Me puseram num quarto grande, com um bando de mulher. A dor tava vindo, mas não muito forte. Um médico baixinho e velho veio me examinar. Ele tinha um montão de instrumento. Pôs uma luva, passou um creme na mão e enfiou a mão entre as minhas perna. Depois que ele foi embora, vieram outros médico. Um velho e outros moço. O velho tava ensinando os moços sobre be-

---

Bazar do Tempo, 2022.

74 MORRISON, Toni. *O olho mais azul*. São Paulo: Companhia das Letras, 2019.

> bês. Mostrando como fazer. Quando chegou a minha vez ele disse que essas mulher vocês não têm problema algum. Elas dão à luz logo sem dor. Exatamente como as égua. Os moço deu um sorrisinho. Olharam a minha barriga e entre as minha perna. Não me disseram uma palavra. Só um olhou pra mim, pro meu rosto. Eu encarei ele, ele baixou a vista e ficou vermelho. Acho que ele entendeu que eu talvez não era uma égua parindo.[75]

É olhando nos olhos do médico que Pauline legitima-se humana, desfazendo-se da vestimenta bestializada que lhe foi imposta pelo racismo do grupo de doutores.

Em seguida, Pauline continua sua rememoração:

> E também aquele médico não sabia o que tava falando. Ele nunca deve ter visto uma égua parir. Quem disse que ela não sente dor? Só porque não grita? Só porque ela não sabe gritar, eles pensa que a dor não está lá? Se eles olhasse no olho dela e visse os globo arregalado, visse o olhar aflito, eles ia saber.[76]

Aqui Toni Morrison realiza seu salto ornamental, quando nos surpreende com o processo de dignificação do animal usado para bestializar Pauline. Mesmo a égua sente dor, mesmo a égua carece de observação sensível. Nas entrelinhas da formulação de Pauline há a crítica ao racismo em sua lógica irracional, afinal, é uma negação científica que um médico

75 *Ibidem.*

76 *Ibidem.*

suponha não haver dor no parto de mulheres negras, pacto eugênico que até hoje estabelece a diferenciação entre parturientes negras e brancas nas alas obstétricas.

É pelos olhos da égua que sua dor pode ser percebida, é preciso permitir-se ver. Pauline, a despeito da dureza entranhada pelo assédio racista, demonstra doçura quando atribui emoções aos olhos aflitos do animal e descortina uma impressão simbólica sobre os médicos responsáveis por trazer Pecola à vida: todos eles, brancos, estão cegos.

> Bom, o bebê veio. Grande e saudável. Ela era diferente do que eu tinha imaginado. Acho que conversei tanto com ele antes que criei uma imagem na cabeça. Então, quando vi, foi como olhar uma fotografia da mãe da gente quando ela era menina. A gente sabe quem é, mas não parece a mesma pessoa. Me deram o bebê pra amamentar e na mesma hora ela gostou de puxar o bico do meu peito. Aprendeu rápido. Não como o Sammy, que foi a criança mais enjoada pra alimentar. Mas a Pecola, desde o começo parecia que ela sabia o que tinha que fazer. Um bebê esperto. E gostava de olhar pra ela. Ela faz uns barulhinho guloso. O olho meigo e úmido. Cruzamento de cachorrinho e homem morrendo. Mas eu sabia que ela era feia. A cabeça coberta de um cabelo bonito, mas, meu Deus, como ela era feia.[77]

A passagem fala por si. Pauline acha a filha bonita, mas sabe que ela é feia, porque traz em seu corpo os signos timbrados da feiura legislada por uma sociedade que também

---

77 *Ibidem*.

decide o que é belo. As violências vividas pela mãe se propagam para a filha; a primeira é caracterizada como um animal pelos médicos, a segunda é identificada como uma criança feia pela própria mãe.

A herança do espelho distorcido se espraia no tempo e no espírito das duas personagens. Morrison entorna a ânfora da beleza clássica, conduz nosso olhar para outras formas de beleza, da violência extrai a profundidade de almas inquietas e decididas pela vida, não obstante as tantas pequenas mortes diárias e ininterruptas que lhes demarcam a trajetória.

Há beleza nos olhos de Pecola, não o belo consagrado pelas luzes e modelos ocidentais, mas a boniteza indescritível de um olhar que se funda no inominável metafísico *cruzamento de um cachorrinho* com *um homem morrendo*.

À direção contrária do que se espera dos sentidos fixos é para onde a poesia emana sua réstia de luz. A linguagem risca o chão da realidade, mas do lado do avesso.

Perfuração de aroma floral

Você apareceu na manhã em que íamos tomar a van para ir ao Festival de óculos escuros. Já falei isso. Eu achei que seus óculos fossem apenas um utensílio como o par que eu também usava. Mas o tempo foi passando, São Paulo foi ficando para trás, a estrada se espichando diante de nós, e você não tirava os óculos. Quase em Tatuí, vi você fazendo graça com a Fernanda ou com a Chidi ou com a Helô, você moveu um pouco os óculos, seus olhos estavam muito vermelhos. Eu não entendi, me aproximei. Seus cílios são enormes, são uma parte muito bonita do seu rosto.

Essa foi a primeira parte de ti que eu conheci. Quando você foi fazer a seleção da Escola Livre de Teatro ainda estávamos no tempo das máscaras, uma profilaxia contra a pandemia pouco efetiva naquele momento. Os exercícios teatrais de seleção faziam vocês suarem, emitirem sons, relacionarem-se corporalmente. Eu morria de rir de ver o Felipe com o tubo de álcool em gel na mão, espirrando a cada cena que o grupo de candidatos apresentava. Vocês já tinham trocado tantos fluídos, porque havia a necessidade de fricção física depois de um pedaço importante da juventude de vocês ter sido suprimida em telas e isolamento, que não adiantava de nada o rito do álcool em gel... E a máscara... Bem, como eu disse, a máscara servia mais para fazer um recorte das faces de vocês do que qualquer outra coisa. A máscara era um editor da imagem de um Lucas que eu ainda não conhecia, mas que de imediato se apresentava para mim como voz, forma, cor, inquietações, intuições.

A máscara destacava seus olhos, e seus olhos eu achava que conhecia bem até vê-los tão vermelhos na viagem para o Festival de Teatro de Tatuí, um ano depois de seu ingresso na Escola.

Pedi para você me falar o que havia acontecido. Você ficou envergonhado, mas depois se soltou, disse que havia despejado *shampoo* sobre os dois olhos para conseguir o atestado do oftalmologista pois assim você poderia justificar sua falta durante uma semana na empresa de *telemarketing*. Você faltaria uma semana, exatamente a semana do Festival de Teatro. Nessa semana você pôde estar com seus amigos e colegas de formação teatral apresentando trabalhos, dois trabalhos lindos, que foram produzidos com muita dedicação, alegria, seriedade. Os trabalhos de vocês foram muito elogiados no Festival, vocês foram um acontecimento importante. Um grupo majoritariamente negro experimentando a cena com uma liberdade que só vocês poderiam ter construído a partir de suas inteligências e sensibilidades. Essa semana de deliciosos encontros você pagou com a saúde dos seus olhos.

Fiquei meses pensando no *shampoo*, na sua visão, no tempo que o *telemarketing* rouba de você usando sua voz como se sua voz fosse uma ferramenta automática. Fiquei pensando na ardência que você deve ter sentido, a dor latente, uma perfuração com aroma de perfume floral. Pensei em você um Édipo negro, cavando os dois olhos para poder enxergar a reminiscência, a verdade de um mal ancestre, a origem do mito.

A cegueira de Édipo tem no contexto do reconhecimento trágico um sentido tiresiano, pois Tirésias é a personagem da tragédia que carrega, a um só tempo, a cegueira e a clarividência. Mas te desejo Édipo na ficção, encarnando como intérprete a personagem, se assim você quiser. Não te quero edipianamente cego, ainda que a dor dos teus olhos tenha possibilitado a vista de uma bela verdade: o teatro, o companheirismo de seus amigos queridos, a troca com o público, a erupção da linguagem pela coletividade, o sintoma de uma transformação quando a presença negra nos espaços cênicos é vividamente crítica.

Eu preciso que você possa ver.

Eu preciso dos teus olhos, Lucas, assim como preciso dos meus.

Eu preciso que eles estejam saudáveis não por negar as potências de quem não tem a faculdade da visão, mas porque, assim como sua voz, eles são seus e não da empresa de *telemarketing*.

Um dia eu te perguntei por que você queria estar na Escola Livre de Teatro e você me disse, com seu jeito íntegro e gentil: *eu não sei por que estou fazendo teatro, mas é por isso que eu quero fazer.*

Sem saber você respondeu em mim também a pergunta que me faço todos os dias desde os meus onze anos de idade, quando pus os pés pela primeira vez numa sala de ensaio: *por que eu faço teatro?*

Eu não sei.

Eu faço teatro – isso fala de mim mais do que minha certidão de nascimento ou meu diploma. E me dimensiona em contornos externos a mim, amplificados no céu da linguagem, onde eu me desfaço mulher negra e me torno ideia. Uma ideia de negritude.

Seus olhos são seus.

Os meus, embora ressecados, ainda chovem em pobres lágrimas por Nancy. É a saudade que eu sinto dela que não me permite trocar de lugar com a máquina.

A máquina hoje nos olha em nossa frágil humanidade (tudo que nos sobrou desta terra combalida) e ela quase sente inveja, Lucas, mas não é realmente capaz de sentir.

São Paulo, março, 2024

UM CACHORRO DEND'ÁGUA

Por que você faz cinema?

Para chatear os imbecis
Para não ser aplaudido depois de sequências dó-de-peito
Para viver à beira do abismo
Para correr o risco de ser desmascarado pelo grande público
Para que conhecidos e desconhecidos se deliciem
Para que os justos e os bons ganhem dinheiro, sobretudo eu mesmo
Porque, de outro jeito, a vida não vale a pena
Para ver e mostrar o nunca visto, o bem e o mal, o feio e o bonito
Porque vi Simão no Deserto
Para insultar os arrogantes e poderosos, quando ficam como cachorros dentro d'água no escuro do cinema
Para ser lesado em meus direitos autorais.

Joaquim Pedro de Andrade[1]

1 Disponível em: https://literaturavivencia.blogspot.com/2012/07/por-que-voce-faz-cinema-literatura-um.html. Acesso em: 10 mar. 2024.

NÃO POR ACASO

Direção: Philippe Barcinski e Fabiana Werneck
Ano: 2007

Não Por Acaso[2] toca no interior de um conceito matemático muitas vezes esquecido em meio aos tantos pensamentos que envolvem os números e o universo: a variabilidade.

Grosso modo, a variabilidade é quando um conjunto de valores desvia da média, ou seja, do valor padrão que define a expressão do comum.

No filme, a variabilidade surge não como um dado estatístico mas como resultado de uma soma de acasos que determinam o rumo da vida das personagens em sentidos imprevisíveis. O núcleo do sistema de variações em *Não Por Acaso* está na personagem Enio, engenheiro de trânsito, que trabalha controlando o tempo dos semáforos e fluxos de movimentação na cidade de São Paulo.

A trama se inicia com duas situações trágicas de morte e enlutamento que se entrecruzam fora dos clichês do Drama em que a experiência emocional precisa ser promovida através do diálogo. Em *Não Por Acaso* muitas personagens sequer se conhecem ou se esbarram, mas se conectam através das forças incidentais que definem suas ações como sujeitos na grande metrópole. Suas dores, dissabores e alegrias são partilhadas, portanto, sem que ao menos eles saibam disso.

---

2 NÃO *Por Acaso*. Direção: Philippe Barcinski e Fabiana Werneck. Produção: Fernando Meirelles, André Barata Ribeiro e Bel Berlinck. Roteiro: Philippe Barcinski, Fabiana Werneck Barcinski e Eugênio Puppo. São Paulo: O2 Filmes, Globo Filmes e 20th Century Fox, 2007.

Esse ethos do filme me atrai: que efeitos um movimento individual pode ter na vida de um estranho? Quanto eu interfiro sem saber na jornada de um ente cuja identidade a minha percepção de afeto ignora?

Não Por Acaso parece contrariar a tipografia de Mallarmé que nos diz que "um lance de dados jamais abolirá o acaso", aqui o acaso é feito de inúmeros lances de dados, combinações entre decisões erradas e acertadas que culminam em encontros que poderiam ser descartáveis, mas por causa do poder inexorável das variabilidades tornam-se vitais.

(Atenção para a trilha sonora do filme, um álbum de composições oceânicas.).

I MAY DESTROY YOU

Concepção e Autoria: Michaela Coel
Ano: 2020

Do primeiro episódio de "I May Destroy You"[3], seriado criado pela atriz, roteirista e diretora inglesa Michaela Coel, pode-se dizer que configura por si uma experiência de curta-metragem, não porque o desdobramento da série não valha à pena, mas é valiosa a primeira aparição da personagem Arabella Essiedu, escritora de Gana radicada na Grã-Bretanha, e de seu empenho em terminar o manuscrito do próximo livro durante a madrugada.

Ao decidir descansar um pouco do trabalho, exatamente uma hora contada no cronômetro do celular, Arabella encontra-se com um amigo em um *pub*. Desse ponto, os eventos caminham como numa noitada comum regada a álcool e drogas entre camaradas.

Um corte bruto dá seguimento ao pós-festa: Arabella acorda no estúdio de trabalho de onde havia escapado horas antes, ela segue escrevendo para entregar o material aos seus agentes literários às seis da manhã, reúne-se com eles às dez e é só nesse momento que descobre um sangramento no lado direito de sua testa - essa pista é o disparador para que a escritora tente preencher as lacunas de uma memória erodida pelos excessos. Antes disso, no

3 I MAY Destroy You. Concepção e Autoria: Michaela Coel. Direção: Sam Miller e Michaela Coel. Produção: Simon Meyers e Simon Maloney. Reino Unido: BBC Studios, Warner Bros. Television Distribution, 2020. Série (28-35 min.), color.

entanto, precisa dormir um pouco, pede licença da reunião com os agentes e dirige-se para casa, onde vive com um amigo.

Ao tocar na maçaneta do próprio quarto ele surge, o *flash*: a imagem de meio segundo na qual Arabella vê um homem com as calças abaixadas movimentando-se sexualmente, da perspectiva de baixo. Na recordação instantânea a câmera torna-se o olhar de alguém que sofre o ataque desse homem. Meio segundo. Corta para Arabella atônita. O episódio se encerra.

Logo, nos demais capítulos, outras histórias se unem ao mote principal em que a personagem se refaz pouco a pouco, como montasse um quebra-cabeça desfalcado de suas peças.

O *flash* é um fenômeno comum em condições pós-traumáticas, não raro torna-se a única referência para as vítimas do estupro de vulnerável. Assim como Arabella, as vítimas podem ser drogadas por terceiros, ou mesmo ter feito uso de quantidades de álcool ou narcóticos capazes de causar fragilização da consciência e do poder de discernimento, é nesse momento que o agressor vê a oportunidade de se apossar do corpo da vítima, extraindo-lhe a humanidade, baseado na certeza de que ela não se lembrará do acontecido.

Em "I May Destroy You", a escolha pelo efeito do *flash* como uma espécie de revelação do mal trágico traz à tona a discussão sobre o enfrentamento da experiência do estupro como uma forma de resistência à moral social e às marcas residuais que permanecem timbradas na pele, nas roupas e na memória.

O corpo é, ao mesmo tempo, alvo da violência e cena do crime - o terror dessa justaposição simbólica, talvez, seja um dos motivos que levam grande parte das vítimas de estupro a se desfazerem de forma intuitiva e automática de roupas íntimas usadas no momento do ataque.

O movimento de soterrar recordações também verifica-se como um dispositivo psíquico muito recorrente nas vítimas. Arabella volta para o trabalho depois do estupro, dá prosseguimento ao cotidiano sem traduzir em suspeita os fragmentos da noite anterior: a tela do celular trincada, a estranheza do amigo que em tese teria lhe feito companhia, o insistente sangramento na testa.

Mesmo o *flash* do homem de calças abaixadas não gera desconfiança num primeiro momento, a escritora acredita tratar-se de uma "memória inventada" e busca explicações esdrúxulas na *internet*.

A interpretação de Michaela Coel aviva-se pela espontaneidade e pelo tom certeiro no sintoma de negação, para a personagem é mais fácil pensar que aquele homem é um fenômeno aleatório de imaginação pois, com certeza, caracterizá-lo como um ente vivo, social e real faz-se tarefa absolutamente insuportável. Entretanto, somente na aceitação do insuportável é que o sentimento de reparação e justiçamento para a vítima pode tornar-se possível.

Se por um lado o *flash* é uma sequela torturante, por outro também se apresenta como mecanismo autocuidadoso do corpo alertando que algo está errado, é como uma reminiscência de luz que se move entre os escombros, exatamente para que seja estagnado o quase imperceptível processo de ruína psíquica que sucede a violência sexual.

Isso parece dizer que o desejo de não lembrar, de esquecer, de apagar o ato de violência, que em geral costuma se manifestar como pulsão imediata das vítimas, pode ser a semente de um adoecimento profundo a longo prazo; lembrar, no caso do crime de estupro, é gesto doloroso mas importante e o corpo sabe disso. O *flash* – sob essa hipótese – seria antes de mais nada uma intenção orgânica de cura.

A violência sexual nunca se encerra no ato propriamente dito. Em "I May Destroy You" essa é a premissa básica responsável pela irradiação da trama. Se no primeiro episódio o impacto da possibilidade de um estupro surge como eixo central da narrativa, nos demais o processo é de resposta e reação ao evento.

Arabella busca fazer denúncias e tornar sua questão pública para que outras mulheres possam sentir-se fortalecidas a fazerem o mesmo, a transgressão do silêncio e da culpa e a mobilização do trauma privado da violência sexual e de gênero para os quadros coletivos revelam-se valores substancialmente éticos na trajetória da protagonista e de seus companheiros, como se naquele pequeno núcleo de relações Arabella tencionasse fundar um mundo outro, no qual é capaz de renascer da morte simbólica, racionalizando a tragédia produzida por um terceiro, um agressor, a fim de ressignificá-la humana e politicamente, de modo a conceder com generosidade a si mesma o merecido descanso e uma segunda chance de ser mulher.

RETRATOS FANTASMAS

Direção: Kléber Mendonça Filho
Ano: 2023

Às vezes a arte brasileira dá sorte quando algum filho de uma certa classe média sessentista, hoje localizada em uma zona opaca chamada elite cultural, escapa do lugar supostamente inato de genialidade e põe a mão na massa, mostrando trabalho, pesquisa e entrega dentro de sua produção artística.

Esse me parece o caso de Kleber Mendonça Filho, diretor de cinema que hoje é um de meus favoritos. Todos os filmes de Kleber surgem distantes das neutralidades típicas do cinema branco brasileiro, é incômodo ver a autoridade discursiva da classe média branca nordestina atravessando seus roteiros e, posto o problema, assumindo-se como tal: dona dos modelos de produção e da hegemonia narrativa que move a sociedade de classes racista brasileira.

Em *O Som ao Redor*[4], o mocinho herdeiro de engenhos, a família de classe média embrutecida, a espetacularização da violência junto ao povo trabalhador, tudo isso acionado pelo contraditório e sem apelação emocional.

Em *Aquarius*[5], a heroína Clara, saudosa de um tempo

---

4 *O SOM ao Redor*. Direção: Kléber Mendonça Filho. Produção: Emilie Lesclaux. Roteiro: Kléber Mendonça Filho. Recife: Cinema Scópio e Vitrine Filmes, 2013. (131 min.), color.

5 *AQUARIUS*. Direção: Kléber Mendonça Filho. Produção: Emilie Lesclaux, Saïd Ben Saïd e Michel Merkt. Coprodução: Walter

em que Boa Viagem era uma região "menos cafona" sem as presenças daquela turma amante de pisos laminados e das férias em Miami, também é uma figura que reside no pensamento paradoxal. Ela defende um tempo mais humano, uma forma de convívio e a própria casa contra a ofensiva da especulação imobiliária recifense, mas também é a patroa assombrada pelo espectro de empregadas domésticas e que tem horror aos evangélicos - esses também negros e populares.

Ver Clara sem esses contrastes é problema do público e não do filme. Formado por uma também classe média viciada na sagração do espírito burguês nas salas de cinema, os espectadores de Kleber Mendonça decidiram transformá-lo em *superstar* do cinema brasileiro. Porque temos, nós o público de classe média, medo de não gostar do que nos parece politicamente importante. Silenciamos o poder de crítica e deformamos com nosso bom mocismo trajetórias complexas em cena.

Bacurau[6] está repleto de racismo. É um filme que funciona em sua técnica horrorífica, mas o simplismo com que a questão racial é tratada fere os olhos e o caráter.

Salles. Roteiro: Kléber Mendonça Filho. Recife: CinemaScópio, SBS Productions, Videoflimes, Globo Filmes e Vitrine Filmes, 2016. (145min.), color.

6 *BACURAU*. Direção: Kléber Mendonça Filho e Juliano Dornelles. Produção: Emilie Lesclaux, Saïd Ben Saïd e Michel Merkt. Roteiro: Kléber Mendonça Filho e Juliano Dornelles. Recife: CinemaScópio, SBS Productions, Globo Filmes e Vitrine Filmes, 2019. (131 min.), color.

Retratos Fantasmas[7], a mais recente produção de Mendonça Filho parece falar sobre isso: sobre o cinema como problema e não como solução. Cinema como dialética, construção e ruína. Kleber Mendonça perpassa o espaço privado de seus filmes e o espaço público do centro histórico de Recife onde salas de exibição de filmes, uma a uma, foram fechadas pela ausência do Estado e do incentivo à política cultural local.

Lembrei de Belém. Das grandes marquises do Cinema Palácio e das demais salas do Grupo Severiano Ribeiro. O cinema como um acontecimento cosmopolita em uma cidade em que carroças são arrastadas por homens como se homens fossem bois. Isso tudo, o cinema brasileiro. Daí a sorte de um Kleber Mendonça em meio a tantos diretores medíocres que por sua condição econômica e familiar já nascem Herzogs e Buñueis. Retratos Fantasmas não é um documentário decisivo e nem espetacular, mas por que haveria de ser? E por que esperamos que o cinema nos absolva em nossas expectativas? Gosto do filme porque ele me faz pensar até no que eu não gosto do filme. A sorte.

7 *RETRATOS* Fantasmas. Direção: Kléber Mendonça Filho. Produção: Emilie Lesclaux. Roteiro: Kléber Mendonça Filho. Recife: CinemaScópio e Vitrine Filmes, 2023. (93 min.), color.

VOCÊ NÃO ESTAVA AQUI

Direção: Ken Loach
Ano: 2019

O filme *Você Não Estava Aqui*[8], dirigido por Ken Loach, carrega no título uma ambivalência significativa: ao mesmo tempo em que se remete ao nome da empresa onde Ricky Turner se associa como trabalhador, diz respeito simbolicamente à ausência de Turner da própria vida depois que isso acontece. A empresa *Você Não Estava Aqui* tem o perfil das *Rappi, Uber, IFood* que tanto têm ocupado a memória de nossos celulares. Não se trata de um emprego como os tradicionais, é mais uma ponte entre o lucro e o trabalhador que ele mesmo pode gerar e gerenciar de acordo com sua potência e esforço pessoal. Com esse discurso, se propagou a sedução de milhares de desempregados em países quebrados financeiramente.

No último período de chuvas no sudeste brasileiro, a fotografia divulgada de um homem caminhando no meio de uma enchente para entregar sua mercadoria ou aquela outra imagem do cadeirante que leva sua mochila no colo no metrô de São Paulo nos desafiam a pensar sobre a ética da meritocracia e o fantasioso discurso que caracteriza a classe trabalhadora como inventiva e empreendedora.

---

8 VOCÊ *Não Estava Aqui*. Direção: Ken Loach. Roteiro: Paul Laverty. Inglaterra: Le Pacte e Entertainment One, 2019. (141 min.), color.

Os anos 1990 brasileiros talvez tenham sido a década em que ocorreu com maior intensidade a difusão de um discurso do eu, isso é, a linguagem cotidiana começou a adquirir os contornos da política econômica neoliberal em que a privatização é mediação de trânsito entre a sociedade e a constituição subjetiva. O espírito de autorrealização, sucesso pessoal, desenvolvimento emocional (hoje abordados ao esgotamento pelo discurso de *coaching*, autocuidado, autogoverno, autonegócio e práticas de graus semelhantes) confluíram-se como uma afirmação da mentalidade egoica do modelo neoliberal brasileiro de economia. É nesse estado de gerenciamento próprio e de hiperindividualização, aparentemente saudável e emancipador, que o filme de Ken Loach tenta tocar com uma dura mão gelada.

Gostaria de pensar aqui sobre Abby Turner, esposa de Ricky Turner, personagem que acompanhamos com mais intensidade ao longo da trama. A presença "coadjuvante" de Abby é fundamental para representar a falência da crença moderna de cuidadoria e para compreendermos a produção do falseado sentimento de que a classe trabalhadora tomou as rédeas de sua própria existência política e cultural. Abby faz trabalho diário de cuidadora de idosos e pessoas portadoras de deficiências físicas. Em certa altura do filme, ela deixa de estar com a família num momento de folga para ir trocar as fraldas de uma senhora que não pode andar e que pelo convívio constante acabou tornando-se sua amiga. Antes disso, há um encontro bonito entre as duas em uma tarde de cuidadoria na qual Abby fala de seus problemas e vê a senhora contando a partir de fotografias antigas seu processo de aproximação com as lutas sociais. É simbólico que a concepção sindical ali representada pela velha mulher e suas fotos tenha por síntese, na última cena de participação da personagem no filme, a impossibilidade de deslocamento físico e de acesso à dignidade, uma vez que ela está completamente urinada e sozinha à espera de auxílio e, por assim dizer, solidariedade.

Enquanto Ricky é claramente explorado por *Você Não Estava Aqui*, sua esposa vai sofrendo pouco a pouco, por rebote, os efeitos de sua precarização. Nesse sentido, podemos discutir aqui nessa reflexão a divisão social do trabalho pela perspectiva de gênero e nos voltar à história para pensar em como as mulheres, no decorrer da trajetória de lutas e resistência da classe trabalhadora, tiveram um papel decisivo para que seus maridos pudessem conquistar direitos e organizar-se em coletividade para disputar com o patronato o controle de suas vidas. Ora, o que os empregos, ou quase empregos, de autonomia do trabalhador fizeram foi divulgar perversamente que esse controle, antes resultante de tantas disputas ideológicas, greves, debates, mortes em fábricas, agora nos seria dado sob os mecanismos do capital: caro trabalhador, você continua sendo vítima da exploração, mas agora passará a achar que é, além de explorado, também explorador.

Ao criar esse imaginário, as empresas estraçalham todas as possibilidades de reivindicação de direitos que na história capacitaram a classe trabalhadora a pelo menos conscientizar-se de que é parte fundante do processo e de que deve portanto apropriar-se dos meios de produção capitalistas. O jogo da subjetividade uma vez mais passa por um processo de monetização, invisível e escorregadio, insuflado pela necessidade econômica e pessoal, veiculada à lógica da autoestima, de podermos crer que nossas vidas tão insignificantes, sim, importam.

O que o diretor Ken Loach, o mesmo do denso Eu, Daniel Blake[9], nos diz no decorrer de *Você não Estava Aqui* é que a pressuposta liberdade do trabalho autônomo encerra-se como uma corda invisível, amarrada à forca na qual enfiamos nossas cabeças voluntariamente – isso tudo registrado pela economia de uma câmera documental, como se ali a textura da realidade a qual estamos sujeitos fosse o próprio filtro estético.

Apesar de o filme estar em uma chave dramática, quase novelesca, dado esse que gerou diversas críticas a sua estética narrativa, há algo de trágico em *Você Não Estava Aqui* como também ocorre em *Eu, Daniel Blake*. Uma profecia autorrealizada se manifesta ao longo das cenas e das relações entranhadas do sistema de entregas, da família e das dinâmicas da cidade. Quando o pai de família pede para que a mãe venda o carro, a fim de dar entrada na compra da van de entregas, o espectador já pode sentir o calafrio da desmedida, o passo maior que as pernas que mais à frente se tornará propulsor de uma crise intransponível na qual a família é a expressão sociológica de um conjunto de pessoas econômica e politicamente exterminadas, pouco a pouco e em pirâmide (o homem, a mulher, os filhos), para que mais uma vez o capitalismo seja autorizado como um regime não apenas material, mas de pensamento, que goza de fortalecimento e legitimidade cada vez que a conjectura de sua superação nos vem como um problema já resolvido e não como um desafio a ser encarado.

---

9 *EU, Daniel Blake*. Direção: Ken Loach. Produção: Rebecca O'Brien. Roteiro: Paul Laverty. Inglaterra: Sixteen Films, Why Not Productions, Wild Bunch e Entertainment One. 2016. (100 min.), color.

A ENCANTADORA DE BALEIAS

Direção: Niki Caro
Ano: 2004

Curioso como as experiências diárias subitamente deflagram na gente memórias doídas importantes.

Esse filme assisti aos 17 anos, na sala de casa com minha irmã e uma grande amiga dela, em uma noite em que eu havia sofrido uma profunda desilusão afetiva.

A *Encantadora de Baleias*[10] me marcou profundamente pela beleza da fotografia e pela sensível elaboração do mito Maori que aciona novamente esse rico debate entre os valores da tradição histórica de um povo e os valores da vida contemporânea ocidentalizada. Além disso, a relação entre o sujeito social e a natureza (também com suas coordenações coletivas próprias) nos lembra da vastidão do mundo em que vivemos e do quanto ele pode nos mostrar novas formas de aprendizado.

A comunidade Maori, situada no leste da Nova Zelândia, é descendente de Paikea, o domador de baleias. De acordo com sua narrativa, há milhares de anos a canoa de Paikea tombou em cima de uma baleia que ele logo encantou, transformando-a em montaria. Paikea, cavalgando a baleia, conduziu seu povo à salvação. A tradição da tribo Maori diz que o primeiro filho do chefe da comunidade seria descen-

---

10 A *ENCANTADORA de Baleias*. Direção: Niki Caro. Roteiro: Niki Caro e Witi Ihimaera. Alemanha e Nova Zelândia: Walt Disney Studios Motion Pictures, 2004 (105 min.), color.

dente direto de Paikea. Porém, pelo infortúnio da morte do primogênito, quem assume a posição é sua irmã, Pai (Keisha Castle-Hughes). Com onze anos, a jovem Maori é obrigada a enfrentar o conflito entre a tradição mítica e a ordenação social, defendida por seu avô, que afirma que o líder do grupo deve ser um homem.

A negação da comunidade e sobretudo de seu avô, faz com que a jovem Paikea mergulhe num caminho solitário e profundo para finalmente ocupar a posição que lhe cabe a qual, segundo o mito, envolve a sabedoria de comunicar-se com baleias. Esse poder associado à abstração narrativa de um povo torna-se concretamente um desafio para Paikea.

Lançada ao mar, Paikea pretende dar provas ao avô e ao seu povo de que é capaz de tornar-se chefe, apesar de ter nascido mulher. Como um aceno à transformação de um imaginário coletivo, Paikea se perde/se encontra nas águas, funde-se à própria ancestralidade e produz a partir dela seus novos significados. Ao ir além do que lhe é convencionado como mulher, a personagem supera até mesmo a textura simbólica do mito e radicalmente passa a ser de verdade uma voz que as baleias gostam de ouvir.

Eu estava tão triste quando vi esse filme e sequer desconfiava que nele havia algo que me acompanharia para sempre como mulher, a necessidade de romper com o que me era destinado como forma de vida e de futuro.

A crença na verdadeira transformação daquilo que a priori não deve ser mudado me faz querer também nadar junto às baleias.

SURREAL

Direção: Joyce Prado
Realização: Ketty Valencio
Ano: 2023

Tenho me dedicado aos sonhos há mais ou menos uma década. Os sonhos têm me ofertado as respostas que eu preciso para seguir pelos percalços da vida. Se antes eu tinha medo de tanta sonhação, hoje me preparo com cuidado para mergulhar no travesseiro afundando sem volta num rio amarelo de maré mansinha (a maré do sono precisa ser amistosa, senão a gente não dorme).

O movimento surrealista, de origem europeia, não poderia sonhar com uma artista como Nenesurreal. Suas angulações formais fantasiosas seduzem o olhar, mas toda a ideologia exotizante e protofascista de um de seus maiores expoentes, Salvador Dalí, fazem da atitude emancipatória do sonhar eurossurrealista um mero capricho.

Em Nenesurreal a disseminação das cores e caracteres na cidade através do grafite e do pixo são a intervenção do sonho na realidade. O surreal se manifesta como revelação do oculto, isso é, dos corpos que foram empurrados à margem, arenas de apagamento, na vida das cidades.

Nene nos fala no curta-metragem de Joyce Prado: "minha arte não é estética [...] minha arte é vômito".[11] A ideia cor-

---

11 *SURREAL*. Direção: Joyce Prado. Realização: Ketty Valencio. São Paulo: Livre, 2023. (18 min.), color.

rente do vômito, no entanto, parece não se comunicar com o desenho de belas mulheres negras de olhos tristonhos que são marca reincidente do grafite de Nene.

A escatologia aqui é também um movimento de reviravolta conceitual: as imagens que Nenessureal vomita na cidade sublimam uma beleza interrompida, as mulheres negras são lindas mas não param de chorar. São existências que estão todos os dias pelas ruas de São Paulo, nas esquinas, nos pontos de ônibus, no alto das pontes, por sob os viadutos, em trajetos repetitivos não apenas no cotidiano, mas na História brasileira.

O destino traçado das mulheres negras é interrogado pelos *sprays* de tinta de Nene, haverá para nós outra forma de estar no mundo? Nenesurreal é em si também a resposta, mulher preta, mãe, sapatão, periférica, cuja prática no grafite nasce do movimento *hip hop* em Diadema: viva.

As mulheres negras no trabalho de Nenessureal são como a presença física e numinescente de um grafite ou de um pixo nos muros da cidade, muitos podem fingir não ver, mas elas estão lá, com seus olhos vermelhos de choro, de pouco dormir e muito sonhar.

ANDANÇA – OS ENCONTROS E AS MEMÓRIAS DE BETH CARVALHO

Direção: Pedro Bronz
Ano: 2022

Em um momento em que o acúmulo de imagens demarca o esvaziamento de seus sentidos históricos, Beth Carvalho surge nesse documentário[12] como cinegrafista de um tempo insurrecto da música popular brasileira, no qual o samba, o pagode e as estilísticas negras do morro e dos blocos de carnaval comunitários passam a ocupar seu lugar de honra autoral nas salas de ensaio e nos estúdios das grandes gravadoras.

Beth, muitas vezes do outro lado da câmera, insiste em dizer que tem "espírito de pesquisadora" e que se vê como uma "garimpeira": sempre em busca dos tesouros que a exploração, o racismo e a desigualdade omitiram da realidade da música popular brasileira. Em estado de plena reverência aos mestres do samba e do pagode, Beth registra em áudio e em vídeo uma centena de composições que vão de Nelson Cavaquinho, Cartola a Jorge Aragão, rasgando o tempo em gerações de poetas que deflagram junto ao fim da Ditadura o desejo de um país onde a voz do povo e da negritude são o hino de uma esperançosa democracia.

---

12 *ANDANÇA* – Os Encontros e as Memórias de Beth Carvalho. Direção: Pedro Bronz. Produção: Roberto Berliner e Leo Ribeiro. Roteiro: Leonardo Bruno e Pedro Bronz. Rio de Janeiro: Globo Filmes, GloboNews e Canal Brasil, 2022. (115 min.), color.

Nos olhares de Beth, a classe trabalhadora e as comunidades negras organizam seu discurso através das mais fortes relações de amizade, festa e companheirismo, criando belezas que o movimento da Bossa Nova, apesar de ser um algo estético poderosíssimo, não foi capaz de elaborar ou entender. Se no início da carreira Beth Carvalho chega a frequentar as rodas pequeno burguesas de jovens músicos em Ipanema, em pouco tempo a cantora passa a perseguir o eco daquele canto que surgia do morro, investigando-o em tarefa que durou sua vida inteira. Beth sabia muito bem, ainda que intuitivamente, que as grandes transformações da chamada música popular brasileira não estariam na sala de (bem) estar dos apartamentos da zona sul e sim na rito-imensidão afro-brasileira dos terreiros e fundos de quintais.

O PACTO DE ADRIANA

Direção: Lissette Orozco / Ano: 2017
Entrevista e artigo realizados em coautoria com a historiadora Cristiane Paiva

As redes sociais, *sites* e jornais, todos, atualmente, exibem uma escalada do autoritarismo e de ideias conservadoras no cenário mundial, principalmente nos países da América Latina. Discursos de ódio, racismo, a defesa de uma pretensa família nuclear e o combate ao comunismo são as pautas centrais na maioria das discussões políticas. Esse cenário parece o *replay* de um filme que já conhecemos e se mostra muito mais forte em países que não puderam, e/ou puderam muito pouco, haver-se com a própria história de opressão e tortura durante as Ditaduras militares.

Voltemos um pouco no tempo, mais especificamente ao período da Guerra Fria, no qual um amplo grupo de países latino-americanos vivenciaram processos de endurecimento e autoritarismo em relação à sociedade civil. Com total apoio norte-americano, as Ditaduras frearam processos que colocavam no horizonte um conjunto de reformas sociais, econômicas e políticas.

No Chile, Salvador Allende, eleito presidente pela Unidade Popular, defendeu como principal agenda uma política nacionalista de esquerda em que as reivindicações e anseios das classes populares estavam na ordem do dia. Porém, não demorou para que movimentos conservadores de oposição ao governo viessem à tona na tentativa de derrubá-lo.

Em setembro de 1973, Allende é tombado pelos militares e o golpe se concretiza. A partir daí, com o general Augusto Pinochet no comando do Chile, instaura-se a primeira experiência neoliberal na América Latina, assim como toda uma série de sequestros, mortes e torturas. Por 17 anos a DINA (Direção de Inteligência Nacional), sob o comando de Manuel Contreras, deixou mais de três mil mortos e desaparecidos. Somente nos anos 1990, a Justiça pôde dar início ao processo de condenações pelos crimes de Estado e seus autores, dentre eles, Contreras e o próprio Augusto Pinochet.

O documentário *O Pacto de Adriana*[13], dirigido por Lissette Orozco, toca nestes percursos históricos sob um prisma que se inicia dentro de casa, a partir de sua relação com a querida tia Chany, ou Adriana Rivas, torturadora famosa do regime de Pinochet.

Através de registros audiovisuais cotidianos, Lissette percebe formar-se um quebra-cabeça sobre o chão da vida familiar e de seu país. A narrativa se constitui a partir desses cacos históricos, íntimos e públicos.

Tia Chany é acusada pelo Estado chileno de sequestro e assassinato, junto a outras 70 pessoas, no período da Ditadura de Pinochet. Como é possível que isso seja verdade? Chany é amorosa e companheira, uma mulher sensível. Lissette Orozco então começa a vasculhar as palavras não ditas e realiza em seguida uma contundente decisão política e ideológica para atingir o interior da verdade em seu conceito social, baseando-se no ato verificativo.

---

13 O PACTO *de Adriana*. Direção: Lissette Orozco. Produção: Benjamín Band. Roteiro: Lissette Orozco. Chile: Salmón Producciones, 2017. (96 min.), color.

Um gesto de lealdade à História chilena e à memória dos milhares de mortos, desaparecidos e torturados da Ditadura militar.

"O Pacto de Adriana" desenha um percurso narrativo que nos torna, além de espectadores, parceiros de Orozco, ombro a ombro, no exercício da descoberta de quem é a tia e de como a partir desse processo se configura uma imbricada relação entre verdade, mentira e afeto. Lissette Orozco torna-se narradora comprometida com os estados críticos de sua obra, situando-se como protagonista e antagonista ao mesmo tempo. Revela-nos sóbria e terna os crimes cometidos por Adriana Rivas, a amada Chany, sem negar a si mesma o processo de transformação possibilitado pela imensa pesquisa do passado histórico, suas demandas e complexidades.

Entrevista com a diretora Lissette Orozco

Lissette, você poderia nos falar um pouco sobre o seu percurso e chegada ao documentário "O Pacto de Adriana"?

Estudei comunicação audiovisual na escola de arte, ciência e comunicação de Santiago. Fiz uma especialização como roteirista de cinema e televisão, depois fiz um mestrado em documentários. Quando comecei com *O Pacto de Adriana*, não achei que iria fazer um filme. Comecei a compilar tudo o que saía da minha tia, caso algo acontecesse com ela amanhã, eu teria provas de tudo o que se passava, mas quando terminei de fazer o mestrado em documentários, percebi que tinha todos os recursos para construir um filme e foi aí que minha jornada começou. Levei cinco anos para montá-lo e, dentro de todo esse processo de produção, também pensei em mergulhar na literatura sobre a polícia secreta de Pinochet, em livros onde minha tia apareceu ou em livros que serviram de inspiração. Também busquei referências em autores como Hannah Arendt[14], A *Banalidade do Mal*, e de referências fílmicas. Fui às primeiras grandes referências dos chilenos que falam de Ditadura e memória histórica, como Patricio Guzmán[15], que tem uma larga trajetória. Em todo seu trabalho, pode-se notar a relação com a Ditadura chilena e com memória histórica. Guzmán serviu como uma primeira referência inspiradora, mas também vi vários documentários que usei, por exemplo, para trabalhar em primeira pessoa. Acho que a maioria dos documentários que trabalhavam desde a autobiografia até a política, os trabalhos de memória central, sempre foram minhas inspirações, mas também uma forma de me desapegar delas. Por exemplo, decidi que em "O Pacto de Adriana" nunca usaria a imagem da casa do presidente [Allende] sendo bombardeada, sei como ela existe na maioria dos documentários da memória política chilena, por isso também me serviu como uma grande referência para me desapegar, para criar uma identidade própria.

---

14 ARENDT, Hannah. *Eichmann em Jerusalém:* um relato sobre a banalidade do mal. São Paulo: Companhia das Letras, 2007.

15 Algumas obras de Guzmán, para exemplificar: *La tortura entre otras formas de diálogo* (1968), *La batalla de Chile:* el golpe de Estado (1977), *La batalla de Chile:* el poder popular (1979) e *Chile, la memoria obstinada* (1997). Informações retiradas de: https://sites.usp.br/portalatinoamericano/espanol-guzman-patricio. Acesso em: 13 mar. 2024.

Como é ser documentarista no Chile? Vocês, como artistas, têm acesso a políticas públicas de cultura?

Ser artista no Chile é muito difícil, como em muitas partes do mundo é. Muitos artistas chilenos talvez tenham mais conquistas e coisas no exterior do que no próprio país, mas isso é um clássico, pois ninguém é profeta em sua própria terra. No entanto, posso falar do lugar do cinema: temos cerca de três fundos públicos que não são muito dinheiro e não há tantos prêmios, então a disputa é muito grande e alguns quase sempre ganham porque têm mais experiência, por isso custa muito fazer cinema no Chile e, de fato, *O Pacto de Adriana* acabou sendo feito com verba estrangeira e não com verba chilena. Na verdade, o fundo chileno nunca me contemplou, no entanto, acho que o positivo que temos no Chile é que a indústria de documentários está muito bem consolidada, temos uma indústria. Chama-se Chiledoc. Como uma entidade pública, acredito que, embora ser artista no Chile seja difícil, acho que o cinema documental pode dar mais alguns passos à frente de outros países da América Latina e acho que, graças a isso, também o filme fez um *tour* super interessante de festivais quando estava sendo realizado e mais tarde em sua distribuição. Sei que algo foi semeado através do filme quando tivemos a oportunidade de viajar falando sobre história em diferentes partes do mundo.

Como você vê o cineasta latino-americano contemporâneo? Qual é a importância de se posicionar politicamente como cineasta?

Há coisas que somos a favor em relação à forma como o cinema era pensado antes, mas agora estamos muito mais avançados. Porém, dependendo do país, há pouco acesso a esse setor ou há pouco acesso à visibilidade. Sinto que o cineasta latino, nós, cineastas latino-americanos, não percebemos o grande valor que temos em nossa história e em nosso trabalho, porque quando estamos aqui, comentando um filme, não nos interessa muito saber o que estão fazendo no país do lado, o que estão fazendo na Argentina, o que estão fazendo no Uruguai, no Brasil, é tão lamentável que entre os latino-americanos não conheçamos nosso cinema. Quando fui à Europa para mostrar *O Pacto de Adriana* me dei conta que, para ver os filmes latino-americanos, havia filas, filas, filas de pessoas que querem assistir ao nosso cinema e adoram nosso cinema, e percebo que temos uma qualidade, uma realidade, e uma cultura muito rica, que não sei se nós não a valorizamos tanto porque não nos vemos, mas percebi que na Europa ou nos Estados Unidos os filmes latinos são os mais apetecíveis para todo mundo. Acho que falta esse exercício de nos ver entre nós, acho que poderíamos nos potencializar, nos ajudar muito mais entre os latinos.

Para complementar esta questão, acho que há cada vez mais coragem para trazer à luz coisas em nossos países com relação à política da memória histórica, então fazemos cinema, mas também existem grupos, por exemplo, histórias desobedientes, há pessoas que fazem livros sobre parentes, filhos ou sobrinhos dos genocidas de nossas Ditaduras, então eu acho que através da arte, através dos filmes pode haver uma transformação política e social.

O Chile tem muitos bons documentaristas. Como sua geração colabora com a tradição documental do cinema chileno?

Felizmente, eu pertenço a uma geração de cineastas muito combativos, especialmente as mulheres cineastas. Sobretudo, porque viemos de um extrato social onde todos os cineastas estavam na rua gravando o que estava acontecendo, então acho que pertenço a uma geração que é ferida por sua história e que é ciente de sua história. Estamos cientes de que, como um país, nós temos realizado um trabalho de memória, de justiça, pois sabemos que vivemos em constante impunidade, sinto que somos uma geração muito forte e que nossa arma é a câmera. Existem vários grupos de cineastas que trabalham desde a ficção ao documentário, por meio dessas linguagens, justiça está sendo feita, uma justiça que nunca existiu no fundo, mas, com base em histórias e problemáticas nacionais, fazemos justiça através de nossa arte.

Como você vê a cena do cinema político documental no Brasil e na América Latina?

Bem, no que diz respeito ao cinema político latino-americano, há vários filmes relacionados ao cinema político e à memória. No Chile, por exemplo, foi lançado um documentário chamado *Chicago Boys*[16] que são os economistas que criaram o sistema neoliberal chileno, é um filme muito forte, porque daí entendemos por que o Chile é tão desigual. Há vários filmes como esse, há muita denúncia. Há um documentário chamado *El Mercurio Miente*[17] que é sobre o jornal

16 *CHICAGO Boys*. Direção: Carola Fuentes e Rafael Valdeavellano. Roteiro: Carola Fuentes e Rafael Valdeavellano. Chile: 2015. (85 min.), color.

17 *EL DIARIO de Agustin (El Mercurio Miente)*. Direção e Produção: Ignacio Agüero e Fernando Villagran. Chile: Fondo de Fo-

de Agustín Edwards, um milionário chileno que é dono do jornal e que estava vinculado à Ditadura de Pinochet para deturpar a realidade da época. Portanto, existem muitos documentários biográficos, políticos e sociais que basicamente nos entregam um vislumbre da realidade para que as pessoas saibam o que está acontecendo em nosso país. Com relação ao cinema político latino-americano, acredito que a América Latina se caracteriza por seu forte cinema político e, sobre o cinema brasileiro, sinto uma grande lástima pelos filmes brasileiros, eles permanecem no Brasil e os que saem são apenas alguns. Lamento não poder conhecer muito mais o cinema brasileiro, mas tenho um filme que trabalha na memória e na política de uma grande amiga chamada Beth Formaggini: um documentário chamado *Pastor Claudio.*[18] É um documentário sobre um pastor cristão que, na época da Ditadura brasileira, era militar, então é muito interessante, muito psicológico, muito social, o que é uma tremenda contribuição para o Brasil. Eu conheço documentários que são sobre atletas ou com outro tipo de tema, *O Processo*[19] [dir.: Maria Augusta Ramos] sobre o *impeachment* de Dilma, por exemplo, que é como um documentário político que eu conheço, mas nesse sentido, honestamente, sei muito pouco sobre o

mento Audiovisual, 2008 (80 min.), color.

18 *PASTOR Claudio*. Direção e Produção: Beth Formaggini. Roteiro: Beth Formaggini. Rio de Janeiro: 4VENTOS, 2017. (76 min.), color.

19 *O PROCESSO*. Direção: Maria Augusta Ramos. Produção: Maria Augusta Ramos, Gudula Meinzolt, Paulo de Carvalho e Wout Conijn. Roteiro: Maria Augusta Ramos. Brasília: Vitrine Films, NOFOCO Flimes (141 min.), color.

cinema brasileiro e sinto muito, porque estamos tão perto na América Latina e faz falta que nos vejamos. Acho que existe um *boom* do cinema político latino-americano, mas não somos tão conscientes disso.

ECONOMIA DA TRAGÉDIA

A ROMANTIZAÇÃO DO TERROR

Susan Sontag, no ensaio *Diante da Dor dos Outros*[1], é precisa na crítica aos efeitos da midiatização de tragédias e conflitos no campo jornalístico. Nesse texto, penso ser oportuno perspectivar o espetáculo teatral *Altamira 2042*[2], de Gabriela Carneiro da Cunha, à luz do debate travado por Sontag, não na medida da informação, como sugere a escritora em relação às notícias galvanizadas pela lógica de proporcionalidade entre sanguinolência e o valor da manchete, mas da experiência performativa e, a partir daí, abrir interrogações sobre quais dimensões da tragédia socioambiental de Altamira a obra de Carneiro da Cunha explora.

Altamira é uma cidade do Estado do Pará, às margens do rio Xingu, esse mesmo que teve suas águas interrompidas pela imensa barragem de Belo Monte à qual grande parte de nós, cidadãos amazônicos, chamamos Belo Monstro. Em Altamira 2042 a questão social se estabelece, numa inversão de prioridades éticas e estéticas, como tapume para a experimentação formal de movimentos frenéticos de luzes e sonoridades que remetem materialmente às aparelhagens, máquinas de música

---

1 SONTAG, Susan. *Diante da dor dos outros*. São Paulo: Companhia das Letras, 2003.

2 *ALTAMIRA 2042*. Idealização e concepção: Gabriela Carneiro da Cunha. Direção: Gabriela Carneiro da Cunha e Rio Xingu. Texto originário: Eliane Brum. Diretora de produção: Gabriela Gonçalves. Coprodução: Corpo Rastreado e MITsp – Mostra Internacional de Teatro de São Paulo. Realização: Corpo Rastreado e Aruac Filmes. São Paulo, Rio de Janeiro e Pará, 2019. (1h30min.). Informações retiradas de: https://mitsp.org/2019/altamira/. Acesso em: 12 abr. 2024.

enormes da cultura nortista, e metaforicamente ao contexto dos beiradões do rio Xingu, emulando uma espécie de forma de vida da população sob os auspícios de uma interpretação absolutamente estrangeira às relações afetivas e sociais da localidade.

A autora do espetáculo assume com honestidade a posição distanciada sobre o tema tratado, contudo, esse mesmo distanciamento deflagra um problema básico de tradução sociológica que, por consequência, desnatura o tom de denúncia aparentemente objetivado na peça, fazendo-a adquirir uma outra finalidade estético-política.

A organização da cena a partir de traquitanas e recursos tecnológicos como meios de evocação da atmosfera amazônica faz vibrar um efeito de embelezamento da situação retratada, o que me parece um debate importante sobre a arte política contemporânea e sua relação com o público. Ao criar uma zona de mitificação da Amazônia a partir da fricção entre a ideia "natureza/comunidade em risco" e o aparato tecnológico, Carneiro da Cunha despeja sobre o terror que temos vivido, como povo de rio, o verniz anestesiante do romantismo que opera na produção de uma segunda verdade, aquela que se dá a partir da apropriação criativa sobre a realidade e que, ao contrário do que se espera, deixa o espectador encantado com os possíveis jogos semânticos extraídos das atrocidades da própria vida.

Altamira 2042 parece funcionar como evidenciação da originalidade e potência da linguagem performativa e de instalação, o que nos lança sobre os ombros, como um peso moral e político, novamente a inquietação de Sontag: *Agora, guerras são também imagens e sons na sala de estar.*[3]

---

3 SONTAG, Susan. *Diante da dor dos outros.* São Paulo: Compa-

Em uma mostra internacional de teatro, na modalidade de exposição de espetáculos brasileiros para um corpo de curadores internacionais, uma peça como *Altamira 2042*, concebida por uma maioria de artistas brancos do sudeste (vejam, esse dado indica um conjunto epistemológico e não a interdição daquele que pode ou não falar), flerta com um paternalismo e fetichização do trágico recorrentes na relação entre Sul/Sudeste e Norte/Nordeste brasileiros, integrando como obra uma economia da tragédia que se funda, não coincidentemente, na Europa neocolonialista da primeira metade do século XX. Esse não é um problema individual de Carneiro da Cunha, e sim uma discussão ampla sobre o fazer artístico e suas nuances de tendência generalizante sobre conteúdos específicos, sociais, culturais, étnico/raciais, dolorosos.

O material audiovisual documentado na pesquisa é exibido no espetáculo através de uma máquina-ayabá, o que é valioso. Permeado por relatos de ribeirinhos e indígenas, o filmete se revela substancial instante dos corpos e das existências sem o magnético filtro da benevolência. Aí parece estar uma fagulha interessante de sistema estético irmanado à partilha de uma tese política, entretanto, a profusão de elementos brilhantes, iluminações, estímulos visuais, soa como parte de um processo formal contraditório investigado teoricamente por Adorno e Horkheimer em *A Dialética do Esclarecimento*[4]: tantos mecanismos tecnológicos, tantos estímulos visuais, o acende e apaga do interruptor como meio articula-

---

nhia das Letras, 2003.

4 ADORNO, Theodor W.; HORKHEIMER, Max. *Dialética do esclarecimento:* fragmentos filosóficos. Rio de Janeiro: Zahar, 1994.

dor da linguagem, parecem quase uma triste ironia em uma obra justamente sobre um território espoliado que tem sido subtraído dos seus recursos hídricos, suas veias de rio, para produzir energia elétrica.

ÉTICA, ESTÉTICA E VIOLÊNCIA

Uma das mais importantes análises sobre os regimes éticos da imagem do francês Georges Didi-Huberman[5] diz respeito ao evento dos registros fotográficos realizados no ano de 1944, quando um rolo de filme entra no campo de concentração de Auschwitz através de uma bisnaga de pasta de dente. Ali, aquele rolo encontraria uma câmera também enviada aos judeus prisioneiros de maneira clandestina. Da junção desses dois elementos surgiram quatro registros históricos das tecnologias de extermínio das câmaras de gás.

As fotografias, tiradas por um grupo especial de judeus destacado para os trabalhos mortuários, tornaram-se documentos políticos importantes para a denúncia de genocídio no Terceiro Reich. Suas características visuais, a posição da lente, os ruídos, as sombras que revelam certa precariedade no momento de captura da imagem, adicionam ao contexto o risco e o medo intrinsecamente conectados aos atos de insurreição em combate ao terror maior. Aquele que faz a foto sabe que não estará mais vivo no momento de sua revelação e ainda assim realiza a imagem, porque não pode romper o pacto de sobrevivência coletiva – ou seja, o pacto com o que desse sujeito restar no outro que não terá sido de fato eliminado. A memória das ações de sobrevivência no âmbito da perseguição nazista cultiva em um imaginário social ulterior a identificação de atores políticos na produção de

---

5 DIDI-HUBERMAN, Georges. *Imagens apesar de tudo*. São Paulo: Editora 34, 2020.

memória e resistência coletivas, inscritas na História como tarefa e aprendizado.

Em outubro de 2022, um homem foi sufocado pela Polícia Rodoviária de Sergipe em uma câmara de gás improvisada a partir de um camburão infestado de fumaça de escapamento. Genivaldo de Jesus Santos era um homem neuroatípico negro que, de acordo com os relatos, teve uma crise psicótica diante dos policiais.[6]

As imagens desse assassinato propagadas em longo alcance pela televisão e pelas redes sociais são entendidas por muitos como uma tentativa de denúncia, porém, sua função é inteiramente esvaziada dentro do contexto brasileiro em que o genocídio da população negra não é uma realidade a qual o Estado deseja ocultar. Ao contrário do exemplo das quatro imagens arrancadas do campo de concentração de Auschwitz, em que pese a similitude do método de extermínio, a situação envolvendo a Polícia Rodoviária de Sergipe e Genivaldo Santos promove uma outra faceta da estética da violência perpetuada em nosso contexto pautado sobremaneira pela lógica das redes sociais e sua volatilidade comunicacional. A sensibilidade ao fator humano presente nas imagens da câmara de gás à brasileira se dissolve em um amplo quadro de visualidades que passam por nossos olhos sem distinção, uma propaganda de batom e a cena de um estupro tangenciam o mesmo motivador pornoviolento das imagens no

---

6 G1 SE. Morto sufocado por PRFs: veja a cronologia do caso Genivaldo Santos em Sergipe. *G1*, Sergipe, 15 out. 2022. Disponível em: https://g1.globo.com/se/sergipe/noticia/2022/10/15/morto-sufocado-por-prfs-veja-a-cronologia-do-caso-genivaldo-santos-em-sergipe.ghtml. Acesso em: 17 abr. 2024.

contexto de sua aquisição e revenda enquanto mercadoria pelo sistema de algoritmos hoje responsável por grande parte de gerenciamento do universo da virtualidade. Nesse sentido, a imagem não confecciona um estamento memorial, ela é incapaz de demarcar a ação de uma coletividade (negra, neuroatípica), porque o sentido de sua partilha é cada dia mais empobrecido de extensões éticas e comunitárias.

Alfredo Jaar, artista visual chileno radicado em Nova Iorque, tem um precioso trabalho chamado *O Lamento das Imagens*[7], exposição trazida ao Brasil no ano de 2021 pelo SESC Pompeia em São Paulo. Reunindo instalações que problematizam o regime das imagens na sociedade contemporânea, Jaar nos apresenta o trabalho *O som do silêncio*, do ano de 2006, no qual encontramos em uma exibição cênica a história do fotojornalista Kevin Carter, ganhador do prêmio Pulitzer no ano de 1994 com uma fotografia intitulada *O Abutre e a Menina* feita no Sudão no ano de 1993. Na premiada foto há uma criança em grave estado de inanição, observada por um abutre que aguarda pacientemente sua morte para fazer dela seu alimento. O nome da criança era Kong Nyong, e no período ela havia começado a receber ajuda da ONU, como pode-se notar a partir da pulseira em seu braço, visível no quadro.

A imagem é muito famosa e ilustra com frequência o debate sobre os limites do papel desempenhado por fotojornalistas em situações de crise humana, ambiental e política.

---

7 Exposição “Lamento das Imagens - Alfredo Jaar”. *ARTSOUL*, São Paulo, 2021. Disponível em: https://artsoul.com.br/revista/eventos/exposicao-lamento-das-imagens-alfredo-jaar. Acesso em: 15 abr. 2024.

Na época da publicação dessa fotografia, em 26 de março de 1993, pelo *The New York Times*[8], Carter foi extremamente criticado por não dar auxílio ao menino, até então identificado como menina, que padecia sob o olhar voraz do abutre e, por consequência, de sua lente fotográfica. Um enxame de críticas da opinião pública e imprensa marcou a premiação de Carter, o que contribuiu para que o fotojornalista entrasse em um quadro de depressão gravíssimo que culminou em seu suicídio, menos de dois anos depois que a foto foi tirada.

Não é possível aferir se a causa da morte de Kevin Carter é totalmente associada à discussão sobre as condições políticas da fotografia do menino sudanês, mas há quem defenda – a partir da leitura de trechos de uma carta de despedida – que o fotojornalista se sentia tomado por uma crise moral assombrosa relacionada a sua trajetória profissional.

Kong Nyong, o menino faminto, não morreu de fome em 1993, mas já adulto, no ano de 2007 – dado que nos apresenta mais um grau de complexidade na especulação acerca das veredas possíveis à conduta ética da imagem e da aliança que tende a se construir entre a ideia de imagem e a ideia de obra de arte.

Organizada sob o discurso da obra de arte, a imagem adquire um caráter ornamental absolvido de conclusões críticas fornecidas pelo contexto histórico – a imagem então é validada pelo mesmo golpe de abstração que garante posteridade a estátuas neoclássicas e filmes vencedores do Oscar.

---

8 SMITH, Roberta. One Image of Agony Resonates in Two Lives. *The New York Times*, Nova Iork, 14 abr. 2009. Disponível em: https://www.nytimes.com/2009/04/15/arts/design/15jaar.html. Acesso em: 13 abr. 2024.

Seu comprometimento com a sociedade se dá pelo lirismo necessário – como um bálsamo – aos meios em que o caos e a desumanização se tornaram naturalizados. Politizar uma obra de arte seria, portanto, um desvio da zona de fruição, porque conectá-la a um padrão de tempo e espaço histórico desmistificador destituiria sua existência daquela aura transtemporal, mencionada nas incursões de Walter Benjamin[9] pela grande era da reprodutibilidade técnica da arte. Acima do bem e do mal, acima da materialidade dialética, a obra de arte se faz incontestável perante um mundo de inumeráveis abominações.

Alfredo Jaar retoma a questão ao afirmar que *imagens não são inocentes*, portanto, sua interação com o mundo das visualidades é também baseada nos aspectos que constituem a engenharia imagética, isso é, o que há por trás da imagem, em seu silêncio, também interessa à imagem.

Como dito anteriormente, a lente da máquina fotográfica de Carter, assim como a ave de rapina, representa uma posição de espreita. O fotógrafo também aguarda o melhor momento para registrar sua foto, explora ângulos até conseguir a situação mais eficaz em que os contornos da luz e do movimento possam estar ajustados para a efetivação da réplica reformada do real, o constructo autoral daquilo que se exibe enquanto acontecimento presente, uma matização do acaso a partir do qual será extraído o produto estético. Mesmo que o menino sudanês subnutrido, Kong Nyong, tenha sobrevivido ao mal da fome, ele não é capaz de sobreviver à fotografia. Está lá ainda, em seu estado miserável, eternizado em uma imagem que mobiliza a interrupção da vida, cristalizando-a.

---

9 BENJAMIN, Walter. *A obra de arte na era de sua reprodutibilidade técnica*. Porto Alegre: L&PM, 2013.

A discussão a propósito da rede invisível que organiza a relação entre ética, estética e violência restaura um certo limbo ideológico em que há dois lados, os defensores da liberdade de expressão nas artes e na comunicação social, os quais associam qualquer tipo de tratamento argumentativo que relativize seu direito como censura, e aqueles que defendem as posições de observação crítica a respeito dos sentidos de cada operação gráfica que se executa sobre a vida. Talvez o mais interessante a ser evidenciado nessa discussão é o regime desgovernado em que se inseriu a prática da arte na comunhão humana em sociedade, afinal, a premiação da fotografia de Carter eleva a um outro patamar *O Abutre e A Menina*. Uma vez reconhecida por uma banca examinadora como a melhor fotografia do ano de 1994, a imagem do menino sudanês subnutrido ultrapassa a fronteira da denúncia jornalística e se torna símbolo de uma angústia humana, emocionalmente magnética, cuja finalidade é subtraída da verve política e passa a gerir, portanto, a ampliação de um apelo psicológico.

Alfredo Jaar envolve a questão da foto de Kevin Carter em uma instalação estimulante, na qual somos convidados a ingressar tecnologicamente por dentro da foto e da história da foto, recebendo todos os elementos importantes que compõem a narrativa, como em uma espécie de instrumentalização factual acerca dos acontecimentos. Ali, como vivenciadores da instalação, deparamo-nos com a dissecação fenomenológica de uma fotografia, vasculhando os alicerces políticos responsáveis por seu método compositivo – alicerces que comumente ignoramos, haja vista a edição imediata que a imagem produz em nosso olhar. Desconfiar da imagem, nesse sentido, seria o mesmo que desconfiar da realidade ou até mesmo da poesia - esse é o efeito crítico que Jaar alcança com o trabalho, exigindo de nós uma performatividade duvidante enquanto observadores.

O crítico e poeta Adolfo Montejo Navas menciona o aumento de poder de ficcionalização adquirido pela fotografia na contemporaneidade como uma das maiores mudanças ocorridas dentro na linguagem imagética no último século. O questionamento do real como sistema presente de ações e consequências humanas e sócio-ambientais é observado em grande parte da História da Fotografia, mas a ausência de referência de uma ideia de realidade crível no contexto da produção de imagens tem se manifestado como prática dominante há poucas décadas. Navas nos diz no ensaio *Fotografia e ficção*:

> A imagem agora é construída muito mais do que antes e de outra forma, mais ainda com ajuda da infografia e dos processos derivados que enfatizam essa possibilidade de manipulação pós-foto. O que leva, entre outras coisas, a elaborar o 'instante decisivo' e não esperar por ele. São muitos os casos em que a instantânea é trabalhada em um processo de construção dilatada, que é uma verdadeira desconstrução do gesto bressoniano, paradigma de muita fotografia moderna, em que o instantâneo como tal deixou de ter valor. [...]. Nesse contexto, cabem as dramaturgias ou cenificações que aumentam a sensação ambígua que delas emana, em um realismo visual que acaba sendo crível e incrível ao mesmo tempo.[10]

10 NAVAS, Adolfo Montejo. *Fotografia & Poesia* (afinidades eletivas). São Paulo: Ubu, 2017.

As imagens de Genivaldo Santos e do jovem Kong Nyong têm quase trinta anos de diferença. A despeito de suas naturezas díspares, posto que a primeira é um vídeo gravado por celular de um observador anônimo e a segunda o produto de um fotojornalista experiente em situações de trauma humanitário, ambas são destituídas de sua particularidade histórica e se tornam abstrações sem conexão imediata com a realidade. Ao nos deparar com elas, nós observadores do século XXI, mediados por uma política de horrores constante enquanto produto imagético, somos incapazes de ler as forças de combustão de um mundo que nos pertence e sobre o qual somos responsáveis. Todo o ruído, melancolia e desmoronamento ético presente nessas imagens se afasta de nós a uma distância suficientemente estética para deixar-nos confortáveis em nossos atos de contemplação do terror. A fotografia icônica de uma criança sudanesa miserável observada por um abutre igualmente faminto não é menos e nem mais que um jogo de enquadramentos no qual a penúria do então Terceiro Mundo se manifesta em traços e cores emocionalmente ferozes. Quanto mais magra a criança, quanto mais ameaçador o abutre, mais poderosa é a imagem em sua finalidade artisticamente denunciadora.

O fotógrafo empenha descomunal esforço para obter a matéria viva da imagem que ousa produzir. A energia da foto, portanto, não está na volatilidade estática dos dois corpos em cena, mas na dedicação de um terceiro, o corpo do agente da imagem; por trás da foto é a ação dele que imobiliza a eternidade do instante. Por outro lado, as imagens em movimento do assassinato de Santos na câmara de gás à brasileira revela a impossibilidade da ação de quem as captura, o anônimo do outro lado do aparelho digital por meio do qual o vídeo é transmitido a milhares de pessoas em um tempo quase real, não é capaz de agir, ele está paralisado em sua função de registro da barbárie. Sua imobilidade é produzida pelo medo dos policiais, do Estado e das contaminações sociais e políticas que nos fazem temer as represálias contra atitudes de justiça – todos esses motivos contribuem perversamente com a condição em que hoje se encontram as imagens de nosso mundo destroçado: as imagens – a mais difundida mercadoria do século XXI – são mais importantes do que os seres viventes a partir dos quais são originadas.

ISTO É UM NEGRO?

Em *Discurso Sobre o Colonialismo* Aimé Césaire nos diz: *[...] estas cabeças humanas, estas colheitas de orelhas, estas casas queimadas, estas invasões góticas, esse sangue que fumega, estas cidades que se evaporam à lâmina do gládio, não é a tão baixo preço que nos desembaraçaremos delas.*[11]

De fato, não é a baixo preço que o espetáculo *Isto é um negro?*[12], apresentado em julho de 2018, na programação do Festival Internacional de Teatro de São José do Rio Preto, traz à tona a cartografia dolorosa dos efeitos do racismo que determinam a função do negro na história ocidental. Diante de nós, moldam-se esquemas de uma realidade cruelmente racializada e racista às marretadas e aos incêndios. As cenas se desenredam em um estado de grande espontaneidade dos atores que expõem a condição viva e transmórfica do racismo.

Isto é um negro? nos apresenta narrativas e imagens calcadas na dor e nas trajetórias de resistência de corpos que precisam dilatar o signo da negritude determinado historicamente pela voz dominante, a sociológica branquitude assentada no sistema capitalista a coisificar pessoas pela ordem única do lucro financeiro.

---

11 CÉSAIRE, Aimé. *Discurso Sobre o Colonialismo*. São Paulo: Veneta, 2020.

12 *ISTO É UM NEGRO?* Direção: Tarina Quelho. Codireção: Lucas Brandão. Dramaturgia: Mirella Façanha e Tarina Quelho. Produção: Dani Façanha. Festival Internacional de Teatro de São José do Rio Preto, São Paulo, jul. 2018. (1h40min). Informações retiradas de: https://mitsp.org/2019/isto-e-um-negro/. Acesso em: 10 abr. 2024.

Em *Isto é um negro?* Esse signo em dilatação, mesmo em face das interdições desumanizadoras, produz ações e reações potencialmente modificantes do ponto de vista do imaginário social, do labor da ficção e das práticas teatrais no estado de São Paulo.

É impossível me furtar de minha condição de espectadora e crítica negra, indígena, amazônida, em um sistema de festivais de teatro cuja regência ainda se dá pela predominância branca e sudestina.

Nesse mesmo festival, para o qual fui contratada com a tarefa de produzir impressões críticas dos espetáculos, houve uma situação de racismo em uma festa. Um rapaz negro entrou no galpão onde o evento acontecia e tentou ligar um carregador de celular em uma das tomadas, os seguranças (alguns também negros) não gostaram da iniciativa do rapaz e decidiram carregá-lo pelos cabelos, como um animal, para fora do galpão. Ao ver aquilo, eu me levantei da mesa onde estava e toquei nos ombros de um dos seguranças suplicando que ele largasse o rapaz e não o humilhasse daquele jeito. O segurança se voltou contra mim com um empurrão e ordenou que eu não me metesse no assunto.

Depois disso apenas me envolvi nas regras de um pesadelo mórbido em que eu gritava e não era ouvida em meu desespero – talvez um desespero que se estabelecia em um plano além da situação em si, na medida de sua condição de repetição social tratada como episódio isolado. Diante de tais circunstâncias entrei em uma esfera de sofrimento psíquico tamanho que, mesmo depois de resolvida a situação, com o rapaz sendo acariciado pelos promotores do festival temerosos com aquela divulgação ruim de um projeto de evento de teatro autointitulado *decolonial*, eu continuei em um estado de histeria que se prolongou durante os últimos dias em que ainda devia ficar hospedada no hotel, trabalhando.

O caso do FIT Rio Preto não é único, há um sem-número de eventos artísticos que atualmente se propõem a exercitar o lado inclusivo da culpa branca de mercado, gerando um irreversível impasse aos artistas e grupos negros: diante da oferta de trabalho, em meios ainda dominados pelo agente culturalmente dominante, como dizer não? Como não estar?

Durante a crise do festival, eu ouvi de um de meus superiores que aquela instância de trabalho artístico se mantinha na cidade a duras penas e que muitas pessoas estavam envolvidas arduamente para manter todo o esquema de pé, meus movimentos *implosivos* eram uma traição ao empenho de tantos sujeitos na concepção e desdobramento do festival. Podemos usar a fala de meu superior como uma grande metáfora aos quadros paradoxais de políticas públicas da cultura brasileira: são, a um só tempo, uma conquista e uma atualização das exclusões econômicas e raciais vigentes na história de um país que tenta a *qualquer custo* se modernizar.

Aqueles argumentos me conduziram a um estado depressivo, mais um corpo negro havia sido abatido no festival, eu me trancava no quarto e só descia para tomar café e almoçar, tive crises de insônia, dormia muito tarde, e ainda precisava ter uma escrita ágil para dar conta de todas as peças que tinha de cobrir no festival. Essa foi uma das situações em minha vida em que me senti irreversivelmente solitária e recorri as redes sociais, escrevendo sobre o ocorrido em minha página particular, o que foi uma péssima ideia porque de chofre as grotescas sentinelas do festival vieram me coagir, enviando mensagens privadas para que eu parasse de falar publicamente sobre o ocorrido – qualquer menção à situação de racismo na festa, mesmo em mesas de debates, foi sumariamente deletada dos registros audiovisuais do evento.

Lembro-me de encontrar o rapaz que fora arrastado pelos seguranças, dias depois, em uma praça de Rio Preto onde haveria a apresentação de um grupo de teatro de rua. Perguntei se passava bem, ele riu ironicamente e disse que até tinham lhe dado uma cerveja na festa, depois da violência, e ele aceitou por estar *mesmo com sede*.

Para as sentinelas do festival, o rapaz ter aceitado a cerveja depois de tamanha agressão a sua dignidade humana demonstrava que as pazes estavam feitas e que ele dizia sim ao refazimento dos acordos de harmonia racial preconizados no *slogan* do FIT Rio Preto. O ressarcimento é baixo e imoral, mas o *rapaz tinha sede*. A necessidade fisiológica aqui exposta na fala ácida da vítima corresponde aos ritos assistencialistas das políticas culturais de eventos brasileiros, oferta-se muito pouco a quem nunca teve nada, mas o suficiente para que as mínimas bases de cidadania sejam mantidas como indicadores de eficácia social. Em relação ao racismo, também podemos construir esta analogia, o mecanismo do afago depois do bofetão constitui um dos mais duradouros procedimentos de educação do negro na sociedade de classes brasileira.

Um festival que se dedica à *decolonialidade* em sua forma técnica, porém, não em seu contingente humano não apresenta nada de inédito, é apenas a mimese oportunista de centenas de projetos culturais que instrumentalizam corpos negros, indígenas, trans, gordos, com deficiência, para ativar efeitos propagandísticos de avanços de consciência social que em nada correspondem à situação real de como em geral são tratados pelo mercado os artistas com essas características étnico-corpóreas.

Os bolsões da crítica teatral brasileira, bem como os grupelhos de curadoria de festivais e mostras de teatro, ao incorporarem trabalhos de grupos negros como uma política de saneamento antirracista, incorrem muitas vezes em um problema de caráter catalográfico: na tentativa de amparar e incluir materiais até então segregados em um sistema de reconhecimento e legitimação estética, acabam criando homogeneidades pela temática da negritude que são incapazes de corresponder à diversidade gerada pela produção negra brasileira no campo das artes cênicas. O procedimento de tematização favorece um sistema crítico em que as ferramentas de análise partem sempre do mesmo ponto de vista, uma chave que estabiliza o artista negro em interesses repetidos e distantes das esferas de articulação de uma política teatral em que outros assuntos além do racismo podem ser explorados.

Quando um espetáculo de uma coletividade negra tende a esgarçar os limites da autorização branca sobre o enunciado negro no púlpito teatral, a crítica (no Brasil historicamente formada pelo alto escalão do ambiente universitário racialmente indisponível à diversidade) perde-se em entendimentos superficiais e até desrespeitosos em razão de sua apreensão limítrofe acerca da mobilidade de signos dentro da cultura negra.

LeRoi Jones, também conhecido como Amiri Baraka, aponta essa questão no contexto da crítica musical depois que o *jazz* e o *blues* inevitavelmente começaram a ocupar um espaço importante na cultura norte-americana. No artigo *O Jazz e a Crítica Branca*, LeRoi diz:

> A maioria dos críticos de jazz eram (e são) não só estadunidenses brancos de classe média, mas também de formação cultural mediana. A ironia neste

> ponto é que, como a maioria dos críticos de jazz são brancos medianos, a maior parte das críticas de jazz tende a impor medíocres padrões brancos de excelência como critérios pra execução de uma música que, em suas manifestações mais profundas, é completamente antitética a tais padrões; na verdade, muitas vezes é uma reação direta contra eles. [...] A estética do blues e do jazz, pra ser plenamente compreendida, deve ser vista o mais próximo possível de seu amplo contexto humano.[13]

Um dos méritos dos festivais de teatro (para não ser injusta, apesar de tudo) foi encaminhar também uma modificação no conjunto de pessoas contratadas para realizarem o registro crítico da programação de espetáculos. O enegrecimento e democratização dos marcadores de gênero nesses espaços foi fundamental para que uma outra urdidura teórica se ambientasse na prática do olhar sobre a cena.

Juliano Gomes, um dos críticos que mais acompanho de minha geração, dedica-se à cena em seu formato teatral e cinematográfico. Seus escritos e palestras são sempre movidos por ênfase reflexiva na qual somos convidados ao treinamento de uma noção crítica que perpassa os resultados estéticos e seus modelos produtivos.[14] Para Gomes:

---

13 JONES, LeRoi (Amiri Baraka). *Black Music*: free jazz e consciência negra (1959-1967). São Paulo: sobinfluencia edições, 2023.

14 Juliano Gomes: crítica, imagens, pensamento, cinema, música, artes, política. Disponível em: https://juliano-gomes.com/. Acesso em: 20 mar. 2024.

> desdobrar amplamente a encruzilhada entre representatividade e representação é crucial. É necessário analisar o debate histórico do cinema e das artes sobre o tema da representação e entender como ele se liga e se desliga a uma distribuição dos lugares de poder, de fluxos financeiros, entre corpos não-brancos, não-heteros, não-cis.[15]

Outra referência que surgiu para mim a partir dos festivais é Soraya Martins, atriz, professora de literatura e curadora de programação de teatros. Seu campo de pesquisa abrange a multiplicidade das teatralidades negras e as experiências da ação-imagem produzidas por coletividades e individualidades racializadas no teatro hoje. Em seu livro *Teatralidades –aquilombamento: várias formas de pensar-ser-estar em cena e no mundo,* Soraya realiza um panorama sobre os teatros de Belo Horizonte a partir das primeiras edições do Festival Internacional de Teatro, Palco e Rua (FIT-BH) que ao lado do Festival Internacional de Arte Negra (FAN) convenciona-se como evento de grande influência para o pensamento teatral negro do Estado de Minas Gerais.

De acordo com Martins, a perene ausência das Teatralidades Negras em diversas edições do FIT-BH:

> [...] é reflexo de como se tratou, e ainda se trata, as artes produzidas por artistas negros: de forma exótica, figurando apenas nos meses de maio e novembro

---

15 GOMES, Juliano. Carta ao Heitor (ou Desculpe a bagunça ou Ao mesmo tempo). *CINÉTICA*, 13 ago. 2018. Disponível em: http://revistacinetica.com.br/nova/carta-ao-heitor-ou-desculpe-a-bagunca-ou-ao-mesmo-tempo/. Acesso em: 16 abr. 2024.

> de cada ano e/ou em determinados festivais. Se os festivais, encontros, fóruns não são 'específicos' (feminista, negros, LGBTQI+, periférico), as teatralidades ditas 'específicas' poucas vezes compõem suas programações. É assim que essas ausências impulsionaram, e impulsionam, os grupos, coletivos e artistas pretos e periféricos a se organizarem para dar a ver suas produções e criações, dramaturgias, e pensamentos, espaços e sentido de pertencimento.[16]

O movimento de reivindicação de artistas negros em Belo Horizonte nos anos 2000 pressionando a Secretaria Municipal de Cultura para redesenhar, em debates públicos, os vieses curatoriais do FIT, resultou em um projeto interessante de curadoria mais horizontal e democrática no FIT-BH de 2018, cuja edição ganhou o título de *Corpos-dialetos*, indicando pensamentos de busca pelas *[...] variedades linguísticas* e pela *[...] ideia da arte como aquilo que elabora sistemas potentes e singulares de convívio social.*[17]

Infelizmente, o FIT-BH não se configurou como plano piloto de uma estruturação outra de festivais pelo Brasil, tornando-se assim um referencial único sem capilarização para os mecanismos produtivos de outros eventos públicos de cultura.

---

16 Martins, Soraya. *Teatralidades – aquilombamento: várias formas de pensar-ser-estar em cena e no mundo*. Belo Horizonte: Javali, 2023.

17 Martins, Soraya; ROMAGNOLLI, Luciana. FIT-BH 2018 ou sobre distorções, dados e destinos. *Horizonte da Cena*, Belo Horizonte, 27 set. 2019. Disponível em: https://www.horizontedacena.com/fit-bh-2018-ou-sobre-distorcoes-dados-e-destinos/. Acesso em: 10 abr. 2024.

No FIT Rio Preto minha solidão política se consolidava dia após dia, apesar disso, sentar à plateia dos teatros e assistir em silêncio aos excelentes espetáculos do festival (que curadoria atenta!) era uma escapatória e uma salvação.

Isto é um negro? foi uma das produções que me permitiu vibrar em outras chaves, sublimadas inclusive nos anos que se sucederam ao FIT em que pude criar laços de muito bem querer com alguns intérpretes do trabalho.

Isto é um negro? apresenta aquela qualidade única dos bons materiais teatrais, é uma peça timbrada em grupalidades como meio indelével de memória, desviando do lugar-comum de muitas peças de teor *representativo* cujo enredo se dá pela projeção individual de personagens negras em posição de protagonismo social. A peça se constitui enquanto um manifesto estético *extra-ordinário*, muito superior a qualquer tentativa de mercantilização do discurso negro em nome dos capitais simbólicos concernentes ao meio artístico.

A efeméride do espetáculo não está somente atrelada a um caractere comum da natureza teatral, mas ao aspecto contemporâneo de sua forma narrativa na qual nuances autobiográficas confundem-se habilmente à descontinuidade da ficção, o que nos situa na inquietante e gozosa impressão de que apenas aquelas quatro vidas em cena, as vidas de Ivy Souza, Lucas Wickhaus, Mirella Façanha e Raoni Garcia, são as emissárias possíveis de experiências particulares tornadas artefatos de partilha, fragmentos luzidios de uma humanidade negra com alto poder de envolvimento do público em matizes políticas e emocionais.

Pesco no ar as palavras de *Discurso Sobre o Colonialismo* no início dessas reflexões porque a escrita de Aimé Césaire, para além dos necessários questionamentos antirracistas, também se revela às dobraduras do poético. Césaire realiza com destreza o enlace entre a magia e o pensamento materialista e a mesma operação de diálogo se dá em *Isto é um negro?*. A dança, ora angustiante, ora despojada, entre poesia e política soa conceito condutor da obra.

A prerrogativa do título, alimentada pelas eleições estéticas de encenação, iluminação, sonoplastia, interpretação e texto, já se anuncia em mim como uma espécie de interlocução possível do processo especulativo de minhas vivências. O que é ser um negro? O que é ser uma mulher negra? O que significa saber-se a partir da racialização histórica que encontra no chamado espírito contemporâneo sua continuidade política de exclusão?

O negro, de acordo com o senso comum, bem como o sertanejo figurado por Euclides da Cunha em *Os Sertões*, é um forte. Mas essa tipologia resolve nossas existências no mundo? Esse mundo que, segundo a dramaturgia de *Isto é um negro?*, é um só e precisa ser mudado. A tese da força ontológica racial não foi o princípio filosófico que nutriu quatrocentos anos de escravidão física e simbólica? – o achatamento do que significa ser negro surge, portanto, como uma forma de expressão totalitarista que resume nossas presenças a possibilidades voltadas, tão somente, à produtividade da força de trabalho braçal e biológica.

Tudo isso está no espetáculo, à luz de uma encenação que explora recursos epicizantes de uma teatralidade arquitetada como zona de debate e confronto estético. Confronto também é o termo que sugiro como designação aos procedimentos dos atores e atrizes em cena os quais se apresentam munidos de uma interpretação engendrada pela conversa direta e provocativa com o público.

O valor estético de *Isto é um negro?* é permeado pela presentificação dos embates simbólicos e sociais da existência negra enquanto, ainda, um território em disputa, mesmo nos contextos mais progressistas de visualização da arte como um meio de transformação. Nesse sentido, o espetáculo e sua fortuna crítica demarcam um momento histórico importante e incontornável, esse dado fatal retira *Isto é um negro?* do lugar de produto mercantil negro ou (na pior das hipóteses) de entretenimento para atenuar a culpa social branca. É na agonística entre o fenômeno da cena, em um estrondoso ato de incêndio de ideias, e a noção hegemônica de cultura teatral que o espetáculo se manifesta como o espírito de um tempo, de maneira tão relevante à discussão da estética teatral quanto, por exemplo, os referenciais de dramaturgias e encenações abolicionistas, modernistas e de oposição à Ditadura Militar frequentemente estudados nos ambientes de formação teatral.

A questão se *Isto é um negro?* deveria recusar estar em espaços estruturalmente racistas é uma falsa polêmica condescendente com a moral obtusa que responsabiliza as pessoas pelas mazelas as quais são sujeitas. Festivais de teatro são espaços de trabalho para artistas de teatro, sua abertura, ainda que precária e adaptada ao comércio das ideias, engendra possibilidades materiais e simbólicas ao trabalhador da cultura negro.

Eventos racialmente problemáticos revelam um embaraço de nosso tempo e complexificam ideais puritanas de igualdade racial no campo das artes. De certo modo, face às agruras encontradas na morbidez de um espaço de festival artístico onde a liberdade se faz pelo hipercontrole, *Isto é um negro?* acontece como um eixo de rotação contrária, evola-se de uma decisão coletiva em resposta ao arcabouço de alijamento do negro nas artes cênicas. Ivy Souza,

Lucas Wickhaus, Mirella Façanha e Raoni Garcia parecem criar no interior da sala de espetáculo uma outra sala para um outro espetáculo, vislumbrando pela reelaboração da forma-espaço-palco o *lócus* onde seus corpos atuantes decretam a urgência de sínteses antirracistas no âmbito da natureza formal e conteudística do teatro.

A proposta de destruição do edifício teatral, levantada por Mirella Façanha em um dos últimos movimentos da peça, apresenta-se ao público sob tônica revolucionária. A atriz descreve pouco a pouco como faria para atear fogo nas rotundas e no proscênio da sala de teatro, criando através da palavra a cena de destruição das paredes e das varas de iluminação cênica. Esse quadro acusa um intento histórico, atribuindo tratamento de reinício simbólico a um espaço de mentalidade burguesa cuja forma arquitetônica sugere distinção de grupos sociais por sua classe econômica. Ademais, incendiar o teatro convoca-nos ao exercício imaginativo de compor junto à narrativa de Façanha a visão de um navio negreiro ou de uma casa grande em chamas, justaposição de imagética abolicionista portadora de força estética atualizante de um passado ainda não superado.

O decreto de eliminação do teatro burguês, no entanto, não se estende à apologia de uma atividade supremacista, abrindo-se dialeticamente à conclamação de grandes textos teatrais e de grandes personagens ao processo revolucionário. O grupo se apropria de Shakespeare, Becket, Plínio Marcos, evocando-os como espólio tomado de súbito, a indenização poética cobrada por um artista negro em meio ao mundo povoado de modo predominante por teatralidades brancas. Shakespeare, Beckett, Plínio Marcos, também pertencem à trupe de artistas de *Isto é um negro?*, sua produção nas artes da dramaturgia interessa aos intérpretes enquanto poesia disparadora de uma catarse racializada e contemporânea.

No artigo O *Teatro e a Abolição*, João Roberto Faria comenta a respeito da campanha abolicionista parlamentar, no ano de 1879, que vem a influenciar severamente os textos de dramaturgos reconhecidos na época. Em críticas de jornal e nas próprias dramaturgias analisadas, João Roberto Faria observa o surgimento de personagens negras em posições de protagonismo ou de relevante coadjuvação, organizando um *corpus* de pesquisa histórica através do qual é possível verificar uma coesão temática e filosófica sobre a questão escravista brasileira sob as formas do drama, do melodrama e da comédia. O material analisado vinga à época como *peça de propaganda abolicionista*, consta também que algumas apresentações de tais espetáculos tinham seu arrendamento revertido para o suporte de entidades libertadoras na compra de alforrias e para as *conferências emancipatórias*, muitas delas ocorridas no interior de espaços teatrais. No Rio de Janeiro foram realizados eventos entre os anos de 1880 e 1884, nos teatros da corte.

Interessante perceber como a ação abolicionista de dramaturgos, intérpretes e empresariado converte-se em um movimento ambivalente de exposição de pessoas, até então escravizadas, recebendo suas alforrias sobre o palco. João Roberto Faria nos diz:

> [...] Aos poucos tornam-se comuns as alforrias em cenas aberta. Em 21 de outubro de 1879, o prestidigitador catalão Jam Y Nurat ofereceu a renda de um espetáculo para comprar uma carta de liberdade e mandou colocar no anúncio que ia apresentar aos espectadores 'a pessoa libertada por meio desta função'.
>
> [...] Para os organizadores desse tipo de espetáculo, as alforrias adquiriram um significado político evidente,

> para além de seu caráter filantrópico e humanitário. Cada pessoa libertada em cena aberta representava uma vitória do movimento abolicionista. Os espectadores eram envolvidos num clima festivo e otimista em relação ao fim da escravidão. A imprensa também fazia a sua parte comentando os eventos e descrevendo a emoção que tomava conta do palco e da plateia nos momentos em que eram entregues as cartas de liberdade.[18]

O tom condescendente na análise de João Roberto Faria oculta a ambiguidade da situação, fundamental para o entendimento da posição da pessoa escravizada no contexto público e autorizado do púlpito teatral. No livro *Flores, votos e balas: o movimento abolicionista brasileiro (1866-88)*, de Angela Alonso, encontramos uma outra perspectiva desses cerimoniais de alforria nos espaços teatrais. A autora cita tais situações como *fórmulas* as quais podem ser atreladas a uma exultação fictícia do direito à liberdade:

> As artes produziam atmosfera sentimental para o clímax. Um escravo sorteado ia ao tablado receber sua manumissão, comprada com a arrecadação na porta do teatro – em média 300 mil-réis.
>
> [...] No palco, o que o escravismo de circunstância definira como base da ordem política e econômica emergia como opróbio da nação. A retórica da compaixão dramatizou a injustiça da escravidão e indicou a reparação: transformar a mercadoria em pessoa ali

18 FARIA, João Roberto. *Teatro e escravidão no Brasil*. São Paulo: Perspectiva, 2022.

> ao vivo. Efeito poderoso. Preparada por imagens, poemas, músicas, encenação, a audiência ia à catarse. Em lágrimas, de pé, aos gritos, em delírio, aplaudia, brandia lenço, atirava flores sobre libertador e libertado.[19]

Os episódios descritos por Alonso e Faria podem evidenciar o paradoxo ético metaforizado, por exemplo, pelo ato de *transformação de uma mercadoria em uma pessoa* diante de um público expectante e eivado pela consciência abolicionista. É necessário considerar a hipótese da estetização dos valores simbólicos em jogo e sua relação direta com a incidência do filtro racista sobre os participantes da ação.

O relato trazido por Angela Alonso constitui uma imagem de vetores éticos assombrosos: o dado do sorteio de uma pessoa escravizada para receber sua liberdade sobre o palco deveria causar no mínimo espanto e uma motivadora desconfiança ao pesquisador de teatro contemporâneo, haja vista a evidenciação de finalidades extrínsecas ao apelo político de crítica à escravidão nessas ocasiões.

Além disso, contraditoriamente, ao tornar-se um ser humano sobre o palco (respeitando a falha suposição de que pessoas escravizadas não são seres humanos até que o poder legislativo lhes conceda humanidade), a pessoa negra agora com sua carta de alforria entregue em mãos passa a ocupar uma nova posição enquanto bem de consumo no campo estético; objeto da filantropia libertadora, a pessoa alforriada situa-se como núcleo de uma espetacularização que a afasta de seu mérito social e político na luta pela liberdade.

---

19 ALONSO, Angela. *Flores, votos e balas:* o movimento abolicionista brasileiro (1866-88). São Paulo: Companhia das Letras, 2015.

Com a distância histórica necessária é cabível enxergar um território de mentalidades ainda ofuscadas pelo racismo. Se os modelos agrícolas brasileiros, pelas vias legais, deixaram de reproduzir a exploração compulsória do negro do período monárquico, o racismo republicano (tão criticado por Lima Barreto) permanece entranhado no mais profundo coração da sociedade brasileira.

Tal estratagema estético de propaganda abolicionista nos palcos teatrais é um dos fundos falsos capaz de absorver muito facilmente o olhar crítico contemporâneo sobre a relação entre política antirracista e éticas da cultura teatral em sentido amplo. Recusar a visão romântica sobre a integração das populações negras e empobrecidas ao fazer teatral oficial é importante para realizar a detecção das contradições histórico-estéticas pelas quais percebemos também as contradições do tempo presente em que as pessoas negras atuantes da cena são posicionadas como *merecedoras* de um prêmio de inclusão por sua *resiliência* e pela *boa vontade* dos empresários de teatro, hoje designados sob alcunha extra-comercial - diretores, curadores e produtores da cena, em sua maioria brancos e/ou oriundos de famílias com recursos econômicos.

Essa acepção da presença de intérpretes negros na vida teatral das grandes cidades contribui para a perversa e contínua reciclagem do ideário moral que separa os corpos negros em sua funcionalização positiva ou negativa no meio das artes cênicas.

A primeira coisa que ouvi como elogio nos dias iniciais do Festival Internacional de São José do Rio Preto foi que eu me destacava de outras autoras negras porque não era agressiva em minhas falas. Isso durou até a semana da fatídica festa na qual, em um lance de dados, eu virei uma mulher raivosa e sem noção de civilidade por ter ousado entrar em estado de desespero diante da imagem do rapaz sendo arrastado de maneira truculenta para fora do galpão. Indicaram posteriormente, em resposta padrão, que tudo não passara de um erro pontual do próprio conjunto mal treinado de seguranças, também negros, que já teria recebido sua advertência.

De certo modo, o espetáculo *Isto é um negro?* toca nas questões que insistem em aparecer como marcadores da realidade negra sob a égide de incessante violência e seletividade. Em um dos pontos altos do espetáculo, Ivy Souza conta uma série de piadas racistas diante do público em uma atitude sarcástica e autodepreciativa. No final, Ivy Souza fica séria, toma seu tempo épico, silencia os efeitos do humor, abre um sorriso e diz: *sabe o que eu queria? Sabe o que eu queria mesmo? Eu queria fazer cocô aqui nesse palco e dar para vocês comerem.* Em choque, a plateia emudecida não sabe o que fazer. É na duração do espanto causado, sustentado por alguns segundos que mais parecem se estender em horas, que Ivy Souza se assenhora de uma posição representativa no gesto de revide da síntese *mulher preta* alvejada permanentemente pela prática do racismo recreativo. Algumas pessoas na plateia ainda devem rir jocosamente da dúzia de piadas racistas contadas no início da cena, mas são incapazes de continuar achando engraçado quando o teor nauseabundo da última imagem de oferta ao público é deliberadamente usado como dispositivo que joga luzes sobre o naturalizado pacto social de ridicularização da negritude na cultura brasileira.

Isto é um negro? é um trabalho que não abre concessões, sua vivacidade supõe uma sequência de golpes retóricos, visuais e políticos que, a meu ver, elucidam o que se quer dizer no momento em que a voz falta. As desigualdades e injustiças, ao longo da uma hora e meia de peça, constituem os gatilhos da revanche que se anuncia nas ações das quatro figuras que, narradoras, contam a propósito dos outros e de si mesmas. As veredas líricas em *Isto é um negro?* contrastam com a aridez doída de muitos dos discursos da peça, ampliando o viés político que se quer realçar. São coletâneas de caminhos físicos e simbólicos traçadas por corpos desnudos, diversos em suas semelhanças, a derrubar muralhas tecnicistas, mistificadoras, dessubjetivantes, em busca de uma condição outra aparentemente óbvia: esses corpos desnudos, negros, plurais, estes corpos sobre o tablado, os corpos sorteados ou não-sorteados, corpos carregados por seguranças de festa como caça abatida, são e querem ser – insaciavelmente – corpos de gente.

FÉ

A CRIANÇA AUTORA

Lembro muito bem de como fiquei agoniada com as letras surgindo na cidade como um projeto de sentido. Eram *outdoors*, placas, dizeres em camisas alheias, tudo passava a ser um tipo de recado, uma mensagem que eu podia entender e processar, não de imediato, mas em tempo oscilante, lúdico, satisfeito com suas demoras. Antes disso, eu me recordo de ter ido assistir em Fortaleza ao filme *O Parque dos Dinossauros*.[1] Eu ainda não sabia ler, então minha mãe lia para mim as partes que eu supostamente não podia entender, digo supostamente porque toda a aventura do filme era muito clara pelas imagens, salvo exceções em que cenas de laboratório e conversas de gabinete se faziam necessárias para estabelecer o conflito ético presente na trama: o bizarro renascimento genético de dinossauros criados em cativeiro e apresentados ao público como prisioneiros de um zoológico – é óbvio que essa leitura se dá com muitos anos de distância do evento cinematográfico que me fascinou e, fatalmente, à época de meus cinco ou seis anos, um zoológico de dinossauros parecia uma excelente ideia, assim como tantos outros planejamentos de exibição de vidas fantásticas.

A história toda à qual assisti foi enfaticamente transmitida pelos níveis da ação, mocinhos e vilões ficavam evidentes a partir de suas tomadas de decisão. Eu não precisava estar alfabetizada para

1 *JURASSIC Park*: O Parque dos Dinossauros. Direção: Steven Spielberg. Produção: Kathleen Kennedy e Gerald R. Molen. Roteiro: Michael Crichton e David Koepp. Estados Unidos: Amblin Entertainment e Universal Studios, 1993. (122 min.), color.

decodificar aquela fábula, ali era Hollywood ressecando em profundas sedimentações as estruturas narrativas dramáticas a fim de produzir audiência e, consequentemente, lucro comercial. Muitas versões de *O Parque dos Dinossauros* se sucederam desde o primeiro episódio ao qual eu assisti ainda estrangeira ao mundo das letras, todas elas descortinam a mesma trajetória heroica factualmente reconhecível. Para o imaginário infantil, a visão aterrorizante de uma rebelião de répteis pré-históricos é combustível duradouro.

Ao longo de muito tempo permaneci imaginando a chegada dos dinossauros em Belém do Pará, ficava a observar a copa das árvores do décimo primeiro andar e me perguntava se eu estaria segura ali àquela altura caso as criaturas decidissem passar para dizer um alô.

Meu primeiro livro sem ilustrações foi *Um ônibus do tamanho do mundo*[2], do austríaco Johannes Mario Simmel, tratava-se de uma aventura em que um ônibus de excursão levando jovens estudantes fica atolado no meio da neve. Não foi uma leitura que me pegou rapidamente, mas eu insisti porque fiquei curiosa sobre o desfecho dos acontecimentos. Um livro que veio depois, no entanto, transformou em definitivo minha experiência com a chamada literatura infanto-juvenil.

A capa era um desenho de uma bolsa amarela e o título não seria diferente: *A Bolsa Amarela*[3], de Lygia Bojunga Nunes.

Minha irmã havia adorado, falava com empolgação das descobertas da personagem Raquel, eu fui no embalo e devo-

---

2 SIMMEL, Johannes Mario. *Um ônibus do tamanho do mundo*. Rio de Janeiro: Nova Fronteira, 1988.

3 NUNES, Lygia Bojunga. *A Bolsa Amarela*. Rio de Janeiro: Agir, 1986.

rei o livro. Foi um prazer desinteressado que se desenvolvia em horas e horas de leitura tranquila, uma atividade que eu decidia cuidadosamente quando fazer. Tenho a recordação de um sentimento muito claro de bem-estar quando me via ao lado de minha mãe e de minha irmã, as três lendo esparramadas sobre a mesma cama do quarto matriarcal. O prazer pela leitura nos reunia em uma genética própria.

Na casa de meu pai também havia muitos livros, mas as pessoas não liam. Eu tinha medo de tocar neles porque muitos pertenciam aos meus tios e tias e minha avó ameaçava nos bater se eu e minha irmã tentássemos.

Quando meus primos vinham visitar a casa de minha avó, eles eram convidados a sentar no sofá da sala na qual nós sequer podíamos ficar quando não havia visitas. Eu não entendia por que nossa avó nos tratava tão mal, foi só com o tempo que percebi o incômodo sentido por toda a família do meu pai pelo fato de minha mãe ser uma mulher negra, migrante, pobre e, para completar, evangélica. Minha avó era catolicíssima, sua casa era repleta de quadros de tapeçaria com temas bíblicos, na sala uma enorme Santa Ceia ficava diante da mesinha do telefone. Minha avó se orgulhava de ter feito todas as tapeçarias. Minha mãe não entrava na casa de minha avó onde meu pai foi morar depois da separação. Minha avó às vezes dizia gostar de minha mãe, dizia ter saudade dela, mas eu não dava ouvidos, sabia que era mentira porque a vida passava e nós percebíamos as distinções marcando profundamente a nossa infância. Não satisfeita em nos separar de nossos primos no tratamento, minha avó também fazia comparações entre mim e minha irmã, dizendo que eu era mais bonita por ter cabelos lisos e *traços finos*. Os efeitos desastrosos desse tipo de comparação vieram a se revelar ao longo da vida, nas bases esburacadas de um convívio difícil com minha irmã que só foi de fato se ajustar quando estávamos perto dos quarenta anos de idade.

Por outro lado, o que sustentava nossa grande amizade na infância eram justamente as tentativas de preenchimento dos buracos. A literatura se fazia uma das atividades que nos aproximava, nós duas realizamos inúmeras leituras juntas, mas antes disso o deslumbramento com a ficção já nos alentava antes mesmo da alfabetização, nas noites em que minha mãe estava fora eu contava uma história para minha irmã dormir.

Enfiava meus dedos por entre as grades que separavam nossas camas de tubolar e fazia um cafuné que se espraiava por seus cabelos enrolados aos moldes de um toque de mágica, a ponta dos meus dedos incluía-se no rito de contar as histórias, o cafuné era parte delas, um afago que poderia ajudá-la a imaginar junto comigo as aventuras de terras prometidas. O cafuné e as histórias eram também uma maneira de dizer a ela, a minha querida irmã, que eu amava seus cabelos lindos e que ela toda era uma criança cheia de beleza.

Se eu tinha o hábito de inventar histórias e ser uma excelente oradora, minha irmã escrevia muito bem, ela foi alfabetizada antes de mim, um ano antes, e eu ficava procurando em seus cadernos o segredo daquelas formas enigmáticas e que brotavam em mensagens, até ali, indecifráveis. Mas eu não tinha pressa. Vivi num mundo bom sem palavras até os cinco anos, vivi em um mundo de imagens fantásticas que se concentravam em mim como caminhos abertos. Os livros sem palavras eram fascinantes e eu tomei gosto pelo desenho por causa deles. Queria ser desenhista, devorava os quadrinhos da

Turma da Mônica[4] mesmo sem entender o que as personagens falavam, eventualmente eu pedia para meu pai ou minha mãe lerem para mim alguma historinha, mas não fazia mal se não acontecesse, eu me sentia suficientemente impulsionada pelas formas, amava as cores, gostava dos movimentos sugeridos pela troca de páginas, pelos gestos das personagens.

Minha mãe tinha o maior orgulho de ter uma artista na família, mas não queria que eu trabalhasse com arte. Seus medos de voltar à pobreza eram maiores do que a possibilidade de me apoiar em meu sonho, minha mãe não queria que as filhas passassem o que ela havia passado então era extremamente rígida com nossa educação e cobrava todos os dias um bom desempenho escolar. Era tomada de brios quando via as filhas fazendo os exercícios de caligrafia na mesa da sala. Ficou radiante quando eu lhe contei só haver errado a escrita de uma ou duas palavras no ditado em sala de aula.

Em casa era proibido ficar de recuperação ou repetir de ano. Com o tempo essa regra foi se afrouxando porque a partir da sexta série eu comecei a ficar de recuperação em todos os bimestres, mas antes disso era lei, tínhamos que ser muito dedicadas ao estudo, eu até podia desenhar e escrever minhas historinhas, mas precisava estar sempre atenta às ciências e à matemática porque lá na frente o vestibular estaria me esperando.

Em mim havia tão somente o desejo. A descoberta das palavras junto às imagens me fascinou. Fiquei uma tarde inteira desenhando aquela aventura do *Chico Bento* talvez com a prudência e o capricho que minha mãe gostaria de ver em um

---

4 SOUSA, Mauricio de. *Turma da Mônica*. São Paulo: Mauricio de Sousa Produções/ Globo, 1988.

cálculo matemático. Quando chegou do trabalho, eu mostrei a ela a revistinha, toda pintada e acabada, com a trama do *Chico Bento* na roça. Nos balões de diálogo escrevi os textos de acordo com a fala da personagem, uma fala de interior, com sua linguagem própria e *desviante* da gramática normativa. Aquilo enfureceu minha mãe. Para ela eu havia retrocedido em minha educação. Foi uma situação que me marcou muito, porque minha mãe costumava ser muito amorosa com minhas brincadeiras e elaborações, mas a possibilidade da filha escrever *errado* era de uma dor indissolúvel. Minha mãe me bateu, rasgou a revistinha, e eu até hoje tento olhar para o episódio com alguma generosidade, entendendo que seu desespero dizia respeito à negação de um sofrimento infantil que não era o nosso, mas o dela.

Foi essa mesma mulher, no entanto, que nos levou alegremente à livraria para comprarmos *nossos primeiros livros só de palavras*. Também era ela quem aos domingos preparava as visitas à livraria Jinkings, na qual no piso superior havia uma ala só de livros infantis. Passávamos horas naquele espaço, vasculhando as maravilhas que surgiam das prateleiras em cores vibrantes e formas animadas. Ziraldo, Ana Maria Machado, Ruth Rocha, Charles Perrault, Sílvia Orthof, Rosena Murray, Eva Furnari, Marina Colassanti, contos dos Irmãos Grimm, Cecília Meirelles, até Chico Buarque com seu indefectível *Chapeuzinho Amarelo*.

Minha mãe era tão apaixonada por nossas incursões na literatura que passou a ler os livros da Lygia Bojunga junto com a gente. Como eu disse, depois que a Lygia entrou nas nossas vidas, nunca mais fomos as mesmas. Primeiro minha irmã, depois eu, depois minha mãe. A *Bolsa Amarela* foi um livro companheiro, eu